아침에 일어날 때 힘들진 않았나요? 어젯밤에 꾼 꿈은 기억나십니까? 아침은 드셨나요? 독서실에 당신보다 일찍 온 수행자 때문에 스트레스를 받진 않았나요? 공부를 시작했나요? 당신의 계획대로 공부가 되었으면 집중이 잘 되는 자리가 따로 있나요? 잠을 쫓기 위해 간 카페에서 아메리카노를 먹을지 카페라테를 먹을지 고민했나요? 오늘도 시험을 망칠지도 모른다는 불안에 시달렸나요? 틀린 문제에 맞았다는 표시를 하고 넘어간 적이 있나요? 배가 아프거나 머리가 지끈거리진 않았나요? 공부가 죽도록 미웠던 적이 있나요? 절대 고쳐지지 않는 나쁜 버릇이 있나요? 50대가 되었을 때 어떤 어른이고 싶나요? 오늘따라 유난히 듣고 싶지 않던 학원 수업을 꾸역꾸역 참고 들었나요? 독서실 옥상에 올라가 먼 산을 바라보며 한숨을 쉬었나요? 노트에 쓴 예쁜 글씨가 공부에 만족을 더해줍니까? 스마트폰을 잠시 꺼둔 적이 있나요? 아무도 모르는 자기만의 공부법이 있나요? 먼저 합격한 친구의 소식을 듣고 질투심을 느꼈나요? 누군가의 인스타그램을 훔쳐본 적 있나요? 온종일 화장실은 몇 번이나 들락거렸나요? 이 세상에서 사라지고 싶다는 생각을 했나요? 한 문제 차이로 시험에 떨어진 적 있나요? 감기 기운이 있진 않나요? 시험이 끝난 다음 날 무엇을 할지 상상해본 적 있나요? 하늘엔 무엇이 보이던가요? 공부를 끝내고 집으로 돌아가는 길에 공허함을 느꼈나요? 어려운 시기도 언젠가 지나간다는 말을 믿나요? 오늘 하루 힘들었다고 말할 수 있는 사람이 주변에 있나요? 오늘도 사랑하는 사람을 떠올렸나요? 당신은 당신을 사랑하나요? 이 순간 행복한가요?

산만한 사람을 위한 공부법

30분 이상 앉아있기 어려워도 합격하고 싶은
산만한 사람을 위한 공부법

1판 1쇄 발행 2019. 1. 5.
1판 2쇄 발행 2019. 3. 27.

지은이 김웅준
발행인 고세규
편집 길은수 | **디자인** 유상현
발행처 김영사
등록 1979년 5월 17일(제406-2003-036호)
주소 경기도 파주시 문발로 197(문발동) 우편번호 10881
전화 마케팅부 031)955-3100, 편집부 031)955-3200 | **팩스** 031)955-3111

값은 뒤표지에 있습니다.
ISBN 978-89-349-8457-3 13190

홈페이지 www.gimmyoung.com   **블로그** blog.naver.com/gybook
페이스북 facebook.com/gybooks **이메일** bestbook@gimmyoung.com

좋은 독자가 좋은 책을 만듭니다.
김영사는 독자 여러분의 의견에 항상 귀 기울이고 있습니다.

이 도서의 국립중앙도서관 출판예정도서목록(CIP)은 서지정보유통지원시스템 홈페이지
(http://seoji.nl.go.kr)와 국가자료공동목록시스템(http://www.nl.go.kr/kolisnet)에서
이용하실 수 있습니다. (CIP제어번호: CIP2018040640)

산만한 사람을 위한 공부법

김응준

김영사

산만하지만 합격하고 싶은 당신에게

초등학교 2학년 어느 날, 선생님께 느닷없이 뺨을 맞았다. 그때 "넌 애가 왜 이렇게 산만하니? 그래서 공부하겠어?"라는 말을 들었다. 지금도 그 일을 또렷하게 기억하는 이유는 뺨을 맞은 기억이 충격으로 남아서라기보다, 그 이후 '산만함'이라는 자질과 한계를 고민하며 살아왔기 때문이다.

집중할 수 있는 시간이 고작 30분에 불과했던 나는 차분히 앉아 2시간씩 스트레이트로 공부하는 친구들이 늘 부러웠다. 그들을 보며 뒤처질지 모른다는 불안감도 있었는데 이것이 효율적으로 공부하는 방법을 찾는 계기가 됐다. 집중하는 시간은 짧은데 좋은 성적을 거두고 싶었으니까. 시행착오를 여러 번 겪었다. 그러면서 효율적으로 공부하는 방법을 알게 됐다.

공부할 땐 하고 쉴 땐 쉬어야 효율성을 높일 수 있다. 고속도로에도 10킬로미터마다 표시되어있지 않은가. 졸리면 제발 쉬어가라고. 대신, 공부할 때 효율적 공부법을 최대한 동원하면 된다. 이 책에 직접 경험한 공부법 중 가장 효과적이었던 방법을 담았다.

시작에 앞서 몇 가지 비밀을 고백해본다.

1. 어쩌다 보니 "오래 앉아있으라"는 말은 쏙 빼고 이 책을 썼다.

공부법 책에 반드시 포함해야 할 말을 넣지 않은 것 같다. 공부를 해놓고 안 한 척하려는 건 아니다. 왜 오래 앉아있지 못했는지, 산만한 사람에게 어울리는 공부법은 무엇인지 충실하게 썼다.

수험 생활 중에 종종 무력감을 느끼기도 했지만 앉아있는 시간 동안만큼은 최선을 다했고, 쉬는 시간에는 전력을 다해 쉬었다. 결론적으로 얼마나 오래 공부했는지가 중요한 것은 아니었다. 주어진 시간을 얼마나 효율적으로 활용하느냐에 따라 결과가 달라지는 경험을 여러 번 했다.

2. 이 책을 구상할 때 가장 하고 싶었던 말은 "교과서를 내던져라"였다.

교과서가 중요하지 않다는 뜻은 아니다. 공부는 교과서로 해야 한다는 것이 나의 지론이다. 다만, 본격적으로 공부하고자 할 때 무작정 교과서에 달려들진 말자. 교과서를 멍하니 읽는데만 많은 시간을 할애하기 쉽다. 그러니 교과서를 읽기 전에 먼저 아는 것과 모르는 것을 구분하자. 모르는 부분을 집중해서 읽어야 효율적으로 암기할 수 있기 때문이다. 우선 20분 정도 교과서 내용을 떠올려본 뒤 10분 동안 읽으면 알맞다. 교과서 내용을 떠올리는 작업은 굳이 책상 앞이 아니어도 상관없다. 익혀두기만 하면 산만한 사람에게 큰 도움이 된다.

3. 일상생활 기술도 자세히 소개했다.

슬럼프 극복 방법, 운동과 숙면을 비롯한 건강 관리 등. 직접 경험하고 확실히 효과를 본 것들만 모았다.

방법을 전달할 생각을 하니 상상만으로도 짜릿하다. 잘 전달하기 위해 오랫동안 고민했다. 이 책이 산만한 사람에게 최적의 안내서가 될 수 있길 기대한다.

가장 자신 있게 말할 수 있는 것은 내가 기본적으로 '지극히 산만한 인간'이라는 점이다. 그리고 나와 비슷한 성향으로 고민했을 사람들에게 앞으로 나아갈 수 있는 힘과 용기를 주고 싶다. 아주 조금이나마 도움이 된다면 참으로 기쁠 것 같다. 산만함을 안고 공부한다는 게 얼마나 힘겨운지는 겪어본 사람만이 알 수 있으니까.

'난 산만해서 안 돼' 이런 것은 없다. 산만함은 보완해주면 된다. 세상에는 공부 말고 유쾌한 일이 가득하다. 죽기 전에 해보고 싶은 일이 너무 많은데 피해갈 수 없는 이놈의 지루한 공부가 장애물로 느껴지는 사람, 빨리 해치우고 본인이 지닌 다양한 가능성을 펼쳐보고 싶은 사람. 그런 당신이라면 이 책을 읽어보길 권한다. 결코 지루하지 않은 경험이 될 것이다.

차례

3. 산만한 수험생의 일상 노하우

4. 산만한 당신이 공부할 때 유의 사항

5. 산만해도 공부하게 되는 비법

동기
부여

6. 시험 당일, 유독 긴장하는 당신에게

고득점
꿀팁

7. 산만했고, 산만하고, 산만할 우리를 위해

학창 시절, 쉬는 시간을 알리는 벨소리가 울리자마자 용수철이
튀듯 교실 밖으로 뛰쳐 나갔다. 백날 차분해지려 노력해도
소용없었다. 차분해지기보단, 산만함에 최적화된 공부법을 찾는
것이 빠르다는 걸 깨달았다.

1

'산만 DNA'는
바꿀 수 없다

삼십 분 이상
가만히 앉아있지 못하는

수업 종료 10분 전. 오늘도 시계만 뚫어지게 쳐다보고 있다.

'10분 … 5분 … 1분 … 5초, 4초, 3초, 2초, 1초!'

쉬는 시간을 알리는 벨소리가 요란하게 울렸다. 자리에서 벌떡 일어났다. 용수철이 튀듯 교실 밖으로 뛰쳐나갔다. 특별히 급한 일이 있는 건 아니었다. 그저 탈출이 주는 해방감이 시급했다.

차분하게 앉아 수업에 집중하는 것은 내게 불가능한 일이었다. 내가 가진 끈기는 학교생활을 견뎌내기에 모자라도 한참 모자랐다. 그래서 수업시간마다 어김없이 카운트다운을 했던 것 같다.

몸속 핏줄을 따라 지렁이가 기어가고 있을지도 모른다는 생각이 들었다. 카운트다운을 할수록 지렁이는 몸집을 키웠다. 수업 종료 5분 전에는 뱀으로, 10초쯤 남기고는 거대한 구렁이가 되어 온몸을 휘감았다. 숨이 턱턱 막힐 정도로 불쾌한 기분이 들고 온몸이 근질거렸다. 선생님께서 수업을 진행하실 동안, 그저 시계만 바라보며 카운트다운을 할 수밖에 없었다. 원래는 다리도 덜덜 떨었는데 "다리 떨면 복 나간다"고 어머니께 하도 혼났더니 그 버릇은 고쳐졌다.

과장을 좀 보태서, 열네 살부터 열아홉 살까지 학창 시절에 카운트다운을 총 8,640번 했다. 중학교 3년과 고등학교 3년을 더해 6년, 방학을 제외하고 학교를 다닌 날이 1년에 대략 240일(8개월), 하루 평균 6교시 수업을 듣는다고 가정했을 때 $8,640(6 \times 240 \times 6)$번이 된다.

약 2,000번째 카운트다운으로 기억한다. 1년에 $1,440(8,640 \div 6)$번 카운트다운을 했을 테니 2,000번째면 중학교 2학년 2학기 무렵이다. 어김없이 카운트다운에 돌입하던 그때, 순간 깨달았다.

'아, 내게 주의력이나 집중력은 절대 키울 수 없는 것이구나.'

남들보다 산만한 이유를 찾기 위해 고민하고, 공부를 잘하려면 차분해져야 한다고 수없이 다짐했었는데 이 모든 게 아무 의미 없는 시도라는 생각이 들었다. 바꿀 수 없는 것을 바꾸려는 헛수고였다.

'산만한 사람으로 태어났는데 뭐, 이렇게 사는 수밖에 다른 방법이 없잖아. 산만한 게 나쁜 건 아니잖아.'

있는 그대로의 내 모습을 받아들이려 노력했다. 바꿀 수 있는 것과 바꿀 수 없는 것이 보였다. 예를 들어 '집중력 키우기'는 바꿀 수 없는 것에 해당했다. 사방으로 분산되는 사고의 흐름을 갑자기 한곳으로 모으는 일은 내가 할 수 있는 일이 아니었다. 해결할 수 없는 문제 말고, 해결할 수 있는 문제에 집중하기로 했다. 오랜 시간 집중할 수 있는 능력을 기르는 대신 짧은 시간에 효율적으로 공부하는 방법을 연구했다. '까짓거, 짧게 공부하고 남들보다 좋은 성적 받으면 되는 거잖아'라고 생각을 달리했다.

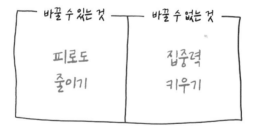

과거의 나는 하던 일에 싫증을 느껴 포기하고 싶어지면 약한 끈기와 집중력 등을 탓하곤 했다. 바꿀 수 없는 것만 탓하는 것은

애초부터 바꿀 생각이 없기 때문이 아닐까? 그래서 바꿀 수 있는 것 중에서 문제의 원인을 찾아봤다. '혹시 몸이 피곤해서 쉽게 포기하는 게 아닐까?' 잘 자면 공부할 때 버틸 힘이 생길 것 같았다. 숙면 정도는 어떻게든 노력으로 해볼 수 있는 일이었다. 실제로 종교의식을 치르듯 일찍 자고, 잠이 안 올 때는 억지로라도 잤다.

　대충 '이럴 것이다'라는 짐작만으로 시작한 일들이 제대로 굴러갈 리 없었다. 뭐랄까, 그 뒤로 '우왕좌왕했다'는 표현이 어울리는 상황에 부닥쳤다. 다만, 그 전까지 무작정 교과서를 읽고 기계적으로 문제를 푸는 데만 시간을 100퍼센트 할애했다면 이후로는 30퍼센트나 40퍼센트 정도 시간을 할애해 '어떻게 하면 효율적으로 공부할 수 있을지'를 고민했다. 서서히 변화를 실감하며 하나둘 효과를 거둘 수 있었다.

아홉 살 때, 산만하다고
뺨을 맞았다

"넌 애가 왜 이렇게 산만하니? 그래서 공부하겠어? 어휴, 정신 사나워."

초등학교 2학년 때, 산만하다는 이유로 뺨을 맞았다. 선생님은 기술자 같았다. 많이 때려본 솜씨였다. 볼을 꼬집어서 손을 따라 머리가 서서히 들어 올려질 무렵, 정확한 타점에서 "찰싹" 소리가 나게 내 뺨을 때리셨다. 지금 생각해도 대단히 큰 잘못을 저지른 것도 아니었다. 친구와 복도를 뛰어다니다가 붙잡혀서 맞은 것이니.

산만함이 얼마나 무서운 결과를 초래하는지 깨닫게 해주겠다는 듯 뺨을 때리던 그 선생님 덕분에 '산만하면 공부는 잘할 수 없다'는 생각이 머리에 자리잡았다. 산만함이 큰 죄로 느껴졌다.

나는 어린 시절 장래 희망이 대법관이었다. 대법관이 되기 위해서는 명문대에서 법학을 전공해야 하고 사법고시에 합격한 다음 판사 생활을 오래해야 한다는 것쯤은 알 나이였다. 명문대가 서울 어디에 있고, 사법고시에 해마다 몇 명이 합격하고, 판사 월급이 얼마인지는 감을 못 잡았지만 '공부를 잘해서 대법관이 되고 싶다'라는 목표 의식은 있었다. 어린놈이 공부의 의미를 뭐 알겠느냐고 말하는 사람도 있을지 모른다. 그러나 순수했던 어린 시절만큼 '공부'에 의미를 상당히 부여하는 시기도 잘 없다. 공부 별거 아니라고, 행복은 성적순이 아니라고 말할 수 있는 것도 어느 정도 나이가 들어서 세상이, 삶이 무엇인지 대충이라도 알아야 가능한 일이니까.

그런 순수한 영혼에 손찌검을 당했으니 울적할 만했다. 꿈이 좌절된 느낌이랄까. 뺨을 맞고 하굣길에 본 풍경과 냄새, 느낌이 지금도 어렴풋이 기억나는 걸 보면 어린 마음에 충격을 받긴 받았던 모양이다. 이별한 날 밤공기에 서려있는 우울한 느낌이나 이동침대로 수술실에 실려갈 때의 차가운 느낌 등을 나중에도 기억하는 듯이 말이다.

집으로 돌아와 방에서 나오질 않으니 부모님이 물었다. 학교에서 무슨 일 있었냐고. 맞은 걸 들키고 싶지 않았다. 자식이 뺨 맞은 사실을 알고 기분 좋을 부모님은 세상에 없을 테니 말이다. 혹시나 더 혼날까 봐 걱정도 됐고 산만한 게 정말 큰 잘못인지도 궁금했다. 그래서 학교에서 떠들다 혼났다며, 산만하면 공부 못하는 거냐고 부모님께 물었더니 이렇게 말씀하셨다.

"산만해도 괜찮아. 사람마다 개성이 다를 뿐이지, 장단점이 따로 정해져있지 않단다. 공부는 하기 나름이니 잘할 거라고 믿는다. 걱정하지 않아도 돼."

그때 만약 학교에서는 떠들면 안 된다고 부모님마저 나를 나무랐다면, 그렇게 학교에서 혼나고 집에 돌아와 다시 혼나는 날들이 반복됐다면 스스로를 '고장 난 물건'이라 여기며 평생을 살았을지 모른다. 그러나 부모님은 어린 내 시각에서 나를 이해해주셨다. 상대방의 시선에서 그 사람을 이해한다는 것, 정말 고마운 일이 아닐 수 없다. 부모님께서 격려해주셨던 그날 밤, 그 말씀이 지금까지 나를 지탱해준 힘이라고 생각한다. 부모님께서 날 알아주시던 그 순간만큼은 뭐든 할 수 있을 것 같았으니까. 그날을 선명히 기억하는 이유는 집에 돌아오며 본 어두운 풍경보다, 그날 밤 느꼈던 거실의 따뜻한 온기 덕분이 아닐까.

산만한 형과
차분한 동생

한 살 아래 남동생이 있다. 서울대를 졸업하고 현재 박사 과정을 밟고 있다. 차분한 동생에 비해 내가 얼마나 산만한지를 잔혹하게 알려준 장본인이자, 나보다 공부를 항상 잘했던 동생이다. 동생에게 매번 진다는 생각에 못난 열등감을 느끼기도 했다.

나는 어린 시절부터 각종 자극에 예민했다. 초등학교 6학년 때였나, 어머니께서 학교에서 상담을 받고 돌아와 선생님 말씀을 걱정스럽게 전해주신 적이 있다.

"학교 앞에서 사이렌 소리가 들려 창밖을 내다보면 네가 어느새 바깥에 나가있다고 하시더라."

"삐용-삐용" 귀 따가운 사이렌 소리와 어지러운 불빛. 무슨 일이 벌어졌는지 궁금해서 참을 수가 없었다. 자극에 몸이 본능적으로 반응했다. 하던 일이 무엇이든 멈추고 나가야 했다. 이런 내 모습이 누군가에게는 산만하게 보일 수밖에. 작가 와타나베 준이치渡邊 淳一가 쓴 《나는 둔감하게 살기로 했다鈍感力》라는 책을 읽은 적이 있다. 이 책에는 '둔감력'이라는 용어가 나온다. '력力'이라는 글자에서 알 수 있듯 둔감하기 위해선 힘이 필요하다. 일종의 능력이다. 안타깝게도 내게는 둔감할 수 있는 능력이 없었다.

부산스러웠다. 정좌불능*이었다. 이걸 하면서도 저걸 생각하느라 몸과 마음이 분주했다. 불안, 짜증, 호기심, 게으름, 후회나 누군가를 짝사랑하는 마음 등 여러 감정에 무기력하게 휩쓸릴 때마다 나 자신을 다그쳤다. '수험생이잖아, 견뎌야 해' 스스로 진정하고 결연하게 의지를 다질 때마다 얼마나 힘겹고 괴롭던지.

동생은 달랐다. 함께 소파에 앉아 책을 읽으면 마지막 책장을 넘기는 순간까지 자리에서 일어나지 않았다. 수시로 부엌과 화장실을 들락거리는 나와는 달랐다. 독한 놈. 그는 거실, 방, 학교, 독서실 등 어디서나 앉기만 하면 바로 몰입했다. 일단 무엇이든 시작하면 끝장을 보는 끈기도 있었다. 그는 90분짜리 모의고사를 풀기 시

---

* —— '착석 불능'이란 의미로 한자리에 가만히 앉아있을 수 없는 상태.

작하면 벼락이 치고 누가 들락날락하든 말든 흔들림 없이 끝까지 푼 뒤에야 자리에서 일어났다. 나로서는 결코 쉽지 않은 일이었다.

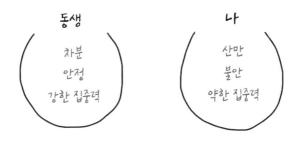

공부할 때만이 아니라 일상에서도 우리 모습은 정반대였다. 여름방학 때, 우리 가족은 차를 타고 동해로 여행을 떠난 적이 있다. 긴 시간 동안 뒷좌석에 가만히 앉아있기가 여간 고역이 아니었다. 에어컨 온도를 낮춰달라, 시끄러우니 라디오 볼륨을 줄여달라, 좀 천천히 가달라고 말하며 운전하는 어머니를 계속해서 귀찮게 했다. 반면 동생은 자거나 음악을 듣거나 창밖을 바라보는 등 긴 시간 동안 아무 말도 하지 않았다. 목적지에 도착해 어머니께서 운전석에서 내리며 "어쩜, 쟤는 저렇게 차분할까"라며 동생을 칭찬하셨다. 나는 피해 의식이 있었던 모양이다. "응준아, 동생 좀 본받아라" 혹은 "넌 왜 이렇게 불안하게 행동하니?"라는 말로 받아들인 기억만 있으니.

'심플하다' '군더더기가 없다' '차분하다' '집중력이 뛰어나다' 와 같이 내가 간절히 듣고 싶은 칭찬은 모두 동생의 몫이었다. 원하는 칭찬을 듣지 못한다는 이유만으로 어린 시절부터 열등감이 생겼다. 대입 모의고사를 보는 날엔 동생보다 점수가 낮게 나올까 봐 걱정하던 마음이 부담을 넘어 공포처럼 느껴지기도 했다. 채점 결과가 두려워 집 앞 놀이터에서 뱅뱅 돌며 일부러 집에 늦게 들어간 적도 있다. 성적이 꽤 잘 나와도 동생에게 뒤지면 만족스럽지가 않았다.

차분한 동생과 반대로 산만하기 때문에 성적에서 뒤처진다고 생각했다. 나와 동생을 구분하는 가장 큰 특징이 '산만함'과 '차분함'이었으니 그렇게밖에 생각하지 못했다. '훅' 하고 찾아오는 열등감, 낮아지는 자존감, 점점 커지는 초조와 불안 등의 감정들. 마음 같아서야 쿨하고 싶지만, 현실은 마음과 같지 않았다.

강해지려는 노력 대신 센 척을 했고, 동생보다 주목받기 위해 쓸데없이 튀는 행동을 했다. 정신의학자 알프레드 아들러 Alfred Adler 의 표현을 빌리자면 '열등감 콤플렉스 inferiority complex'였다. 부족함이 드러날까 봐 전전긍긍하고 불안해하는 모습 말이다. 지금은 차분하고 똑똑한 동생을 둔 사실이 기분 좋은 일이지만 어린 시절에는 어찌나 상처가 되고 열등감만 들던지. 나만 할 수 있는 것에 집중했다면 동생과 나를 비교하며 자존감을 깎아 먹지는 않았을 것이다. 차이일 뿐인데. '다르다'와 '틀리다'만 구분할 줄 알았어도 좋았을걸.

그나저나 동생은 내가 이렇게 열등감에 괴로워했다는 사실을 알고 있었는지 궁금했는데 그 오랜 궁금증이 얼마 전에 풀렸다. 한번 읽어봐 달라고 부탁한 내 글을 동생이 읽더니 문자를 보내왔다.

"형! 기회 되면 얘기하고 싶었는데, 어렸을 때부터 나 때문에 스트레스를 너무 많이 받는 거 같더라. 안 그래도 됐을 텐데. 나처럼 차분하게 한 가지에만 집중했다면 이렇게 직장에 다니면서 책을 써 내지 못했을걸? 항상 응원할게! 파이팅!"

역시, 알고 있었던 모양이다.

차분하지 못한 내가
수험생이 됐을 때

그녀는 오래 앉아있는 법을 터득한 것처럼 보였다.

고등학교 시절, A를 남몰래 좋아했다. 교실 창문 너머로 그녀가 공부하는 모습을 훔쳐보던 기억이 난다. 나와 전혀 다른 사람이었다. 차분하고, 안정적이었다. 자습 시간이 시작되면 체육복을 입고 안경을 코끝에 걸친 채 한 번도 일어나지 않고 공부했다. 가끔 그녀의 페이스에 맞추어(나의 본성을 거슬러) 공부해봤지만 따라갈수 없었다. 그녀는 책 속으로 곧 빨려 들어갈 사람처럼 보였다.

그런데 이상했다. A의 성적은 잘 나오지 않았다. 처음에는 그녀가 슬럼프에 빠진 모양이라고 짐작했다. '금방 오르겠지'라며 속으로 응원했다. 한 해가 지나고 두 해가 지났는데, 성적은 제자리를 맴돌았고 끝내 그녀의 성적은 오르지 않았다. 너무도 의아했다. 실제로 오래 앉아있는 학생이 꼭 전교 1등을 하진 않았다.

서울대를 졸업하고 고시에 합격한 사무관 B도 진득하게 자리를 지키는 동료였다.

　　"타닥타닥" 그가 앉은 자리에서는 언제나 키보드 치는 소리가 요란하게 들려왔다. "쉭쉭" 무엇을 그렇게 뽑는지 프린트도 쉴 새 없이 돌아갔다. 화장실 가는 시간을 제외하면 거의 쉬지 않고 일만 했다. 그는 마치 '집중하는 중이니 방해하지 마세요'라고 등에 써 붙인 사람 같았다. 가장 먼저 출근하고 제일 늦게 퇴근했다. 그런데 역시 이상했다. 그가 내놓는 결과물에 대한 평가는 그다지 좋지 않았다. 핵심을 짚지 못한다고 했고, 멀리 돌아간다는 말도 있었다. 성과와 앉아있는 시간이 비례하지 않았다.

　　말콤 글래드웰Malcolm Gladwell이 쓴 책《아웃라이어Outliers》를 통해 '1만 시간의 법칙'을 처음 알았다. 전문가가 되려면 최소한 1만 시간이라는 엄청난 시간 동안 꾸준히 훈련해야 한다는 뜻이다. 2010년 밴쿠버 동계올림픽을 1년 앞두고 출간된 이 책은 1만 시간의 법칙을 실천한 대표적 인물로 김연아 선수가 자주 언급되며 그녀와 함께 국내에서 큰 인기를 누렸다. 다만 1만 시간 넘게 연습하고도 김연아 선수에게 뒤처진 다른 피겨 선수에 대해서는 아무런 설명이 없었다. 돌이켜보니 꽤 불친절한 책이었다.

　　7년 뒤,《1만 시간의 재발견Peak: Secrets from the New Science of Expertise》

이란 책이 국내에 출간됐다. 저자인 안데르스 에릭슨^{Anders Ericsson}박사는 1만 시간의 법칙을 처음 주장했던 인물이다. 그는 "많은 사람이 1만 시간의 법칙을 오해하고 있다"는 말로 책을 시작했다. '1만'이란 숫자에만 지나치게 집착한다는 것이다. 핵심은 '얼마나 오래'가 아니라 '얼마나 효율적인 방법'으로 실행하는지에 있다고 했다. 같은 1만 시간이라 하더라도 결과가 다르다면 좋은 성과를 거둔 사람이 그렇지 않은 사람보다 시간을 효율적으로 사용했기 때문이라는 것이다.

무작정 오래 앉아있기보단
효율적으로 공부하는 방법이 있지 않을까?

여기까지 말하면 '노력의 가치를 대체 뭐로 보는 거냐'라며 불쾌하게 느끼는 사람이 있을 수도 있다. 공부가 노력을 전제로 한다는 데 이의를 제기할 생각은 없다. 노력은 진리로 불리기에 손색이 없기도 하다. 하지만 "공부의 핵심은 얼마나 많은 시간을 썼는지보다 그 시간을 어떻게 활용했느냐에 있다"는 에릭슨 박사의 말에 호소력이 있지 않은가.

30분 이상 집중하기 어려웠던 나는 노력보다 효율성에 더 매력을 느낄 수밖에 없었다. 얌체 같아 보이겠지만 남들보다 조금 덜 노력하고 조금 더 좋은 성적을 내고 싶었다. 그러지 못할 바엔 남들에 비해 오래 앉아있지 못하는 나는 수험 세계를 영원히 떠나는 편이 나았다. 생존하기 위해서라도 반드시 효율적으로 공부해야 했다.

사람들은 내게 조언하고 싶어 했다. 그런데 "공부를 잘하려면 더 오래 앉아있고, 힘들어도 버텨라"는, 현실성이 결여된 말만 했다. 물론 그들이 뻔한 해결책만 제시하는 이유도 이해는 된다. 그들에게 산만함이란, 타인의 성향에 불과하기에 정확히 이해할 수 없는 것이니까. 그런데도 산만한 사람이 단순히 그녀 A나 사무관 B처럼 변화한다고 성적이 오를 거란 생각은 정말이지 착각일 뿐이다.

"산만해도 공부를 잘할 수 있다"고 진심으로 응원해주는 사람은 주변에 거의 없었다. 산만한 사람들이 어떻게 공부했는지 경험담을 듣기가 어려웠다. 각종 매체에서 산만하지만 시험에 합격한 사람을 소개한 일도 드문 것 같다. '공부 세계에서 차분한 사람은 옳고 산만한 사람은 틀리다'는 확고부동한 이분법적 명제만 거듭 확인했을 뿐이다. 충고라고는 "차분해져라" "외부 자극을 차단해라" 정도였다. 어떻게 차분해지고 뭘 차단하란 말인가. 온갖 자극은 스마트하게 진화하고 수험생들의 집중력은 날이 갈수록 떨어지는 상황인데 조언의 수준은 여전하다. 결국 스트레스로 인한 피해는 고스란히 산만한 수험생의 몫. 편견에서 비롯된 상처뿐 아닌가.

나는 이제 막 삼십 대에 들어선 초보 신랑이자 예비 아빠이다. 곧 태어날 아이도 절반 이상의 확률로 나를 닮아 부산스럽고, 두리번거리고, 정신없게 굴 거라고 조심스럽게 예상하고 있다. 나중에 커서 공부할 때 십중팔구 어려움을 겪을 텐데 산만한 아빠로서 내가 알려주고 싶은 것이 있다. 바로 '시간 활용법'이다. 그 아이가 공부 세계에 입장했을 때 나처럼 당황하지 않도록 말이다.

절대 행복을 놓지 않는
수험생이 되고 싶다면

누가 시켜서 하는 일에는 극도로 거부감을 느낀다. 아침에 이불을 막 정리하는 중인데 어머니께서 그 사실을 모른 채 "응준아, 이불 좀 정리해라"라고 말씀하시면 갑자기 개던 이불도 던져놓는, 그런 수준이다. 어째 좀 삐뚤어져 보이지만 어쩌겠는가. 마음이 그런걸.

밝고 긍정적인 성격인데도 수험 생활을 할 때만큼은 어쩐지 내 세상을 잃은 기분이었다. 전염병이 도는 도시나 좁은 터널 안에 갇힌 기분이었다. 자율성을 제약받는 게 그토록 싫었다.

수험 생활 동안 어떻게 주도적으로 시간을 활용할 것인가.

결국 이 책에서 말하고 싶은 바는 이 한 문장으로 요약할 수 있다. 수험 기간에 효과적으로 시간을 활용하여 자율성을 찾자는 것. 산만하지만 이를 통해 효율성과 지속성을 확보하고 공부라는 미션을 완수할 방법을 찾자는 것이다.

여기에 대한 답을 구하기 위해서는 우선 수험생들이 어떻게 시간을 쓰는지 알아야 한다. 크게 세 가지로 분류해 다음과 같이 정의할 수 있을 것 같다.

① **공부 시간** — 말 그대로 각종 과목을 공부하는 시간.

② **충전 시간** — 잠, 식사, 운동 등 공부할 에너지를 만드는 시간.

③ **자유 시간**[*] — SNS, TV, 인터넷, 영화, 수다, 음악, 공상 등 공부
시간과 충전 시간을 제외한 다른 것을 하는 시간.

산만한 수험생과 차분한 수험생의 시간 활용법은 사뭇 다르다. 산만한 수험생은 상대적으로 오래 앉아있지 못해 공부 시간이 짧은 편이다. 딴짓을 자주 하느라 자유 시간을 길게 그것도 여러

● —— 여기서 말하는 '자유 시간'은 낭비하는 시간보다는 자신을 배려하는 시간에 가깝다.

번 쓴다. 이런저런 고민으로 잠을 잘 못 자거나 쉽게 몸에 탈이 나서 충전 시간을 제대로 활용하지 못하기도 한다.

여기까지는 아무런 문제가 없다. 개인 차이일 뿐이다. 진짜 문제는 성적이 뜻대로 나오지 않을 때 해결책을 엉뚱한 데서 찾으려 한다는 점이다. "하루에 몇 시간 공부해야 하나요?" "잠은 몇 시간 자야 하나요?" "자유 시간을 가능한 한 줄여야 하나요?" 등 시간을 얼마나 더 쓸지 혹은 덜 쓸지만 고민한다. 심지어 주위 어른들이나 선생님조차 "일단 앉아있는 시간부터 늘려야 해" "잠자는 시간을 줄여보면 어떨까?" "스마트폰은 만지지 말고 집중력을 키워보자" 라며 마치 시간만 늘였다 줄였다 하면 공부에 관한 모든 문제가 해결될 것처럼 말한다.

단순히 할애하는 시간을 조절해 문제를 해결한다? 그러기 위해서는 시간 활용에 관한 양적 기준이 존재해야 한다. 하지만 어디까지가 적당한 휴식이고 어디서부터가 지나친 휴식인가? 또한 학습한 것을 받아들이는 역량은 개인마다 다르다. 유전적인 능력 말고도 그 사람의 성향이나 특성, 상황에 따라 미묘하고 섬세하게 달라진다. 절대적인 기준을 들이대서 수험생을 억압하고 강요해봤자 무슨 소용일까. 특히나 지극히 자유분방하고 산만한 수험생에게.

수험생이던 내게 도움이 된 조언은 초시계를 앞에 두고 앉아 공부 시간을 체크하라는 내용보다는 효율적인 학습법에 대한 것들이었다. 예를 들면 공부할 때 중요한 것과 중요하지 않은 것을 구분한 다음 중요한 것에 집중해서 학습 시간을 줄이라는 조언. 공부하다가 지루해지면 다른 과목을 공부해 주의를 환기하라는 조언. 스마트폰을 차단하라는 말 대신 밖에 나가 땀 흘려서 기분 전환하라는 조언에 끌렸다. 처음에는 무슨 소리인가 싶다가도 해보면 작지만 확실한 변화를 느낄 수 있었다.

미국 하버드대 학생 1,600명의 학습 습관을 연구한 하버드대 교수 리처드 라이트^{Richard J. Light}에 의하면, 하버드 수재들에게는 한 가지 공통점이 발견된다고 했다. 그들은 공부 시간을 타이트하게 짜는 대신 '시간 보내는 법'에 대해 자주 생각했다. 이를 통해 자신의 성향에 맞는 공부법을 찾고, 학습 효율이 떨어지면 운동이나 미

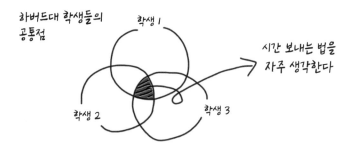

술, 음악 활동 등으로 컨디션을 회복했다.

당신이 공부, 충전, 자유 시간을 얼마나 쓰는지에 큰 관심은 없다. 하루에 14시간씩 공부를 하겠다는 수험생을 말릴 생각도 없고(할 수만 있다면 오히려 응원하고 싶다), 6시간 공부한다고 해서 학습 시간이 너무 짧다며 따끔한 충고를 날릴 생각도 없다. 아니, 그럴 자격도 없다. 그보다 시간을 어떻게 활용할지, 일상에 대한 지배력을 어떻게 높일지, 그리고 이를 통해 궁극적으로는 공부 효율을 높여 일상에서 행복을 찾을 수 있을지가 관심사이다. 수험생의 행복에 관한 이야기를 듣는 당신의 오늘 하루는 어땠고, 바로 지금은 또 어떤 기분인지.

수험생이라고 당장 삶의 질을 포기해야 한다는 말은 굉장히 무책임하다. 특히 내면에 산만한 아이가 살고 있어 삶을 다양한 방식으로 이끌어 나가고 싶은 사람들에게 "오래 앉아있어라" "딴짓을 적게 해라"와 같이 바꿀 수 없는 것을 바꾸라는 조언은 반항심만 키울 뿐이다. 수험 기간이어도 내면의 산만한 아이를 죽이지 않으면서 시간을 효율적으로 사용해 원하는 성적을 거두는 방법. 바로 이것을 고민하고 바라는 게 경험상 훨씬 낫다.

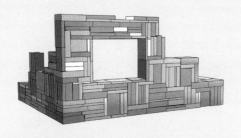

체계적으로 공부하는 과정은 집 짓는 과정과 비슷하다. 목차와
기출문제로 기초공사, 세세한 암기로 마지막 장식까지! 진짜 집을
짓는 것처럼 온몸이 아프고 영혼까지 빨려 나가는 것은 덤. 빨리
수험 생활에서 벗어나는 것은 답.

2

딱 100일 버티고 합격하다

공부 따위
다시는 안 할 줄 알았는데

2014년 1월 초, 휴학하고 동대문 도매시장으로 출근했었다. 당시 대학교를 졸업한 뒤 패션 사업을 해보겠다는 꿈이 있었다. 우선 일을 배우려고 아르바이트를 했다. 평소처럼 옷을 떼어 오던 그날, 찬바람이 매섭게 불던 겨울 새벽. 함께 일하며 알게 된 두 살 아래 동생이 갑자기 말을 꺼냈다.

"형, 나 어제 발표가 났는데 대기업에 취업했어. 아무래도 다음 주부터는 여기 못 나올 것 같아."

이유는 모르겠다. 그가 일을 그만둔다고 말하는 순간 나는 공무원 시험을 봐야겠다는 다짐을 했다.

집에 돌아와 컴퓨터를 켰다. 2014년도 국가공무원 공개경쟁

채용시험의 계획 공고를 살펴보기 위해 사이버국가고시센터에 접속했다. 행정학을 전공했으니까 5급 공채 행정직렬의 모집 인원과 일정을 확인하려 했다. 그런데 마우스 스크롤을 내리다 기술직렬 정원을 보게 됐다. 이과생들이 보는 시험이었다. 시험 과목조차 처음 들어본 것들이었다. 평범해지고 싶지 않다는 반항이었을까. 무턱대고 5급 공채 기술직렬에 지원했다. 지금 생각해도 그때 왜 그런 결정을 했는지는 잘 모르겠다. 참 무모한 결정이었다. '공부 따위 다시는 안 하겠다'며 가족에게 선포하고 동대문에 들어왔는데 어떻게 설명할지 민망했다. 어찌 됐든 일은 벌어졌다.

시험 일정은 대략 이랬다. 3월 초 1차 시험('PSAT'이라 불리는 객관식 시험), 8월 초 2차 시험(서술형 시험), 11월 3차 최종 면접이었다. 원서를 넣고도 한참 동안 동대문에 다녔다. 1차 시험을 준비할 때는 암기가 필요 없었다. 그래서 본격적인 공부는 1차 시험에 붙고 나서 시작하기로 했다. 그때까지만 해도 1년 안에 시험 일정 전체를 소화하고 최종 합격할 줄은 꿈에도 몰랐다. 운도 있었고, 마침 산만함을 다룰 줄 아는 학습 요령도 통했던 것 같다.

3월 초, 1차 시험에 합격했다. 그제야 신변을 정리하고 책을 사서 독서실 책상 앞에 앉았다. 어느새 3월 말이었다. 사람들은 내가 이 분야에 관심이 있었거나, 전공 수업을 한 번쯤 들어봤거나,

취미로 관련 서적을 읽어봤을 것으로 생각하는데 전혀 그렇지 않았다. 국어사전부터 펼쳐야 하는 수준, 말 그대로 완전 초짜였다. 아무튼 2차 시험은 8월 첫 주였다. 공부할 수 있는 기간은 4월부터 7월까지 총 4개월, 즉 120일 정도의 시간이 주어졌다. 주말을 비롯해 이런저런 이유로 쉬는 날을 제외하면 실질적으로는 100일 정도 남은 시점이었다. 해보기로 했다.

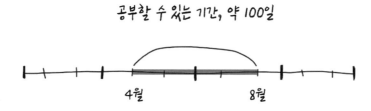

나가 놀 자신은 없고, 그렇다고 다시 책상 앞에 앉기는 두렵고. 인생에서 가장 공허했던 시간을 꼽으라면 독서실 옥상에서 하염없이 시간을 보낸 때인 것 같다. 작가 아사이 료^{朝井 リョウ}의 장편소설 《누구^{何者}》에는 이런 구절이 나온다.

취업 활동이 고통스러운 이유는 두 가지라고 생각한다. 한 가지는 물론 시험에 계속 떨어지는 것이다. 누군가에게 거절당하는 체험을 몇 번이나 되풀이한다는 것은 고통이다. 그리고 또 한 가지는 별로 대단치 않은 자신을 대단한 것처럼 계속 얘기해야 하는 일이다.

사람들은 시험공부가 성공을 이끈다는 점만 이야기한다. 시험공부가 사람을 얼마나 황폐하게 만드는지에 대해서는 아무도 관심이 없다. 아니, 성공을 위해 이 정도는 견뎌야 한다고 당연하게 여긴다. 계속 불합격하거나 끊임없이 성적이 떨어지면 자신이 쓸모없게 느껴지는 죄책감에 시달리는 데도 말이다. 독서실 옥상에서 느낀 그 공허함은 가능한 한 느끼지 않을수록 좋다고 생각한다.

수험 생활에 돌입한 순간, 무조건 빨리 합격해야겠다고 다짐했다.

산만한 사람의
객관식 공부법

다른 사람들이 객관식 시험을 어떻게 준비하는지 관심이 전혀 없었다. 합격 수기나 공부를 잘한 사람의 이야기라면 시험 날 어떤 음식을 먹었는지도 살펴봤지만, 객관식만큼은 굳건히 믿는 나만의 공부법이 있었다.

학창 시절에도, 대학을 졸업한 후에도 객관식 문제를 풀 때는 두드러진 '패턴'이 있다. 시차를 두고 같은 문제를 풀어도 맞힌 문제는 계속 맞히고 틀린 문제는 계속 틀린다는 점이다. 그러니까 틀린 문제를 집중적으로 보완해야 성적을 쉽게 올릴 수 있다.

객관식 시험은 200퍼센트 문제집으로 공부했다. 문제집은 시중에 나와 있는 문제집 중 가장 어려운 문제집 한 권, 남들 다 보는 문제집 한 권을 샀다. 어려운 문제집은 두 번, 남들 다 보는 문제집은 다섯 번을 풀었다. 문제집에 직접 답을 쓰지는 않았다. 항상 A4 용지에 문제 풀이와 답을 적었다. 틀린 문제에 틀렸다는 표시만 했다. 문제집에 직접 풀면 여러 글자로 빼곡해진 페이지를 보며 뿌듯함을 느낄지 모르지만 그 문제를 다시 풀기 어려워진다.

어려운 문제집 2번 풀기

남들이 다 보는 문제집
5번 풀기

제대로 된 학습은 채점하면서 이루어졌다. 어떤 친구들은 문제를 풀다 지쳐 막상 채점은 대충하는데 굉장히 안 좋은 습관이라고 생각한다. 맞고 틀린 걸 깨닫고 이를 보충해야 실력이 늘기 때문이다. 문제집을 두 번째 볼 때는 틀렸다고 표시해둔 문제만 풀었다. 가끔 시간이 좀 남거나 괜히 불안하면 맞힌 문제를 다시 풀어보기도 했는데 높은 확률로 다시 맞혔다. 같은 방식으로 고민하고 접근해서 또 맞히는 식이었다.

문제집을 처음 풀 때 10개를 틀렸다면 두 번째 풀 때에는 10개 중 3개 정도를 맞힐 수 있었고, 세 번째는 10개 중 5개 정도 맞히는 식으로 실력이 점차 늘었다. 어려운 문제집을 두 번, 남들 다 보는 문제집을 다섯 번 푼다고 하면 시간이 꽤 오래 걸릴 것 같지만 실제로는 생각보다 시간은 적게 들고 학습 효과는 컸다. 이보다 효율적인 공부법도 잘 없다.

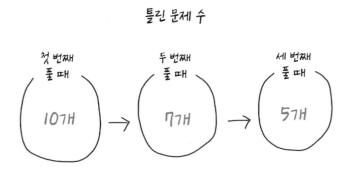

처음부터 오답 위주로 문제집을 활용하진 않았었다. 중학생 때만 해도 일단 닥치는 대로 문제를 풀고 보는 스타일이었다. 문제를 많이 풀어도 투자한 시간에 비해 성적이 잘 나오지 않자 공부 패턴이나 시험 결과를 유심히 돌이켜봤다. 비슷한 유형의 문제만 반복해서 틀린다는 사실을 발견하곤 그제야 틀린 문제를 완벽히 파악할 때까지 풀었다.

'아, 이쯤 되면 문제를 풀어도 되겠구나'라고 생각이 드는, 완벽히 준비된 상태는 잘 오지 않는다. 일단 오답을 활용해 모자란 부분부터 파악하고 공부해야 능률이 오른다. 만약 암기가 필요하지 않은 객관식 시험이라면 오답을 놓고 왜 틀렸는지 고민하는 과정이 중요하다. 이를 통해 잘못된 사고 체계를 바로잡아야 다음 시험에서는 비슷한 유형의 문제를 맞힐 수 있다.

5급 공채 1차 시험(공직에 대한 적성을 어떻게 객관식으로 평가하는지 모르겠으나)은 암기가 절대적으로 필요한 시험이 아니다. 로스쿨 입학시험도, 수능 국어 시험도 마찬가지이다. 논리력과 추론 능력을 측정하는 시험이다. 고난도 문제집이 따로 있지 않아서 5년 치 기출문제와 사람들이 많이 보는 문제집 한 권을 준비해 오답 위주로 여러 번 봤다. 믿을 만한 나만의 루틴을 따라 공부하니 덜 지루했다. 세상에는 귀찮지만, 막상 해보면 효과가 좋고 재미도 느끼는 순간이 있다. 수험 기간에 1차 시험을 준비할 때가 그랬던 것 같다.

공부가 재미있다니! 어쩐지 쓰다 보니 정상이 아닌 느낌이다. 걱정하지 마시라. 다음 페이지부턴 정상으로 돌아갈 예정이다.

산만한 사람의
서술형 공부법

1단계: 목차와 기출문제로 기초 공사

흔한 비유지만, 공부는 집을 짓는 과정과 비슷하다. 튼튼한 기둥이 중요하다. 공부에서 기둥 역할을 하는 것이 바로 목차이다. 따라서 목차부터 공들여 분석하고 외워야 한다. 구구단처럼 반사적으로 튀어나올 만큼 목차를 익히면 좋다. 교과서를 읽으면서 어떤 부분을 왜 공부하는지 즉각 이해할 수 있으며 그때그때 필요한 내용을 머리에 입력하여 저장할 수 있기 때문이다.

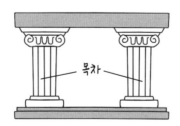

공부할 때 목차는 기둥 같은 역할을 한다!

중학생 시절에는 급한 마음에 교과서를 펼치고 본문부터 읽어나갔다. 당연히 목차가 있는 페이지는 건너뛰었다. 그래야 교과서를 더 빨리 볼 수 있다고 생각했다. 그런데 시간이 갈수록 읽는 속도가 오히려 더뎌지고 자꾸 앞 장을 다시 읽게 됐다. 읽으면서도 이 부분을 왜 읽는지 이유가 희미해졌기 때문이다. 밑 빠진 독에 물 붓는 느낌으로 하는 공부는 처량했다. 확실한 체계가 내 안에 존재하면 좋겠다고 생각했다. 그리고 그 '체계'는 목차를 활용해 잡을 수밖에 없었다.

암기 대회에서 우승한 사람들이 즐겨 쓰는 암기법 역시 머릿속에 집을 지으며 시작한다. 그다음 문 앞, 복도 끝 액자에는 암기하려는 지식 A를 두고 액자 아래 장식장 첫 칸에는 지식 B를 입력하는 식으로 모든 지식을 각각의 공간에 입력한다. 이어서 머릿속에서 자기가 만든 집 구석구석을 몇 번 걸어다니며 각 공간에 입력한 지식을 떠올린다. 그럼 엄청난 분량의 지식도 기억할 수 있다고 한다.

천재들만 쓰는 방법이라고? 아니다. 당신도 천재다. 집에 있는 수백 개의 물건이 어디쯤 있는지 대충 기억하지 않는가. 손톱깎이가 몇 번째 서랍에 들어있고, 콜라는 냉장고 몇 번째 칸에 있는지 기억할 것이다. 지식이 공간화 과정을 거쳐 머리에 입력되었기 때문이다. 시험공부 역시 지식을 머릿속 특정 공간에 입력하는 작업, 그 이상도 이하도 아니다.

시험공부에 돌입하면 머릿속에 큼직한 서랍장 하나를 만들었다. 이 공부하다가 저 공부하고, 짧게 공부하다가 금세 딴생각에 빠지는 산만한 수험생으로서 잠깐 공부하더라도 그 내용을 어떤 서랍에 넣을지 확실히 해야 했다. 서랍마다 크기는 서로 달랐다. 많은 내용을 집어넣어야 할 서랍도 있고, 적은 내용이 들어가는 서랍도 있었다. 가끔 들여다봐도 괜찮은 내용이 담긴 몇몇 서랍은 한구석으로 빼놓기도 했다. 이때 서랍의 개수와 목차를 구성하는 꼭지의 개수가 대체로 일치했다. 목차가 익숙해지면 머릿속 서랍들의 이미지가 저절로 떠올랐다. 알맞은 서랍을 열어 필요한 지식을 꺼낼 수 있게 되는 건 공부하며 상당히 기분 좋은 일이었다.

교과서는 기본서 하나만 봤다. 어차피 시험장에서 쓸 수 있는 답안은 정해져 있고 내 뇌의 용량엔 한계가 있다. 과부하는 집중력을 떨어트린다. 어떨 땐 서브 노트나 요약서조차 사치다.* 같은 책을 반복해서 봐야 그 페이지의 내용이 하나의 이미지로 머릿속에 남는다.

기출문제도 샅샅이 찾아봤다. 기출문제는 공부의 강약을 조절

---

* —— 산만한 사람들이 자주 저지르는 실수이다. 새로운 학습 자료에 집착하고 그런 것들을 보지 못하면 불안해하기도 하는데, 이는 쓸데없는 것이다. 머릿속만 복잡해질 뿐.

하는 훌륭한 길잡이이다. 문제는 항상 반복해서 출제될 수밖에 없다. 기출문제에 대해선 뒤[**]에서 세세히 다루도록 하자.

이렇게 목차와 기출문제로 전반적인 흐름을 잡은 다음 교과서를 읽었다.[***] 읽을 땐 마지막으로 본다는 심정으로, 시간이 얼마나 걸리든 완벽히 이해하도록 최선을 다했다.

––––

전 과목 텍스트를 두 번 읽는 사이 한 달이 지났다. 정해진 시간에 운동했고, 밤 11시 전에는 반드시 잠들었다. 매일 아침 7시에는 책상 앞에 앉기 위해 노력했다. 앉자마자 엎드려 잠을 자도, 스마트폰으로 SNS를 뒤적거려도 상관없지만, 하루에 처음 책상 앞에 앉는 시간만큼은 가능한 한 지키려고 노력했다.

**　—　당장 궁금하다면 105페이지를 보면 된다.
***　–　산만한 사람들은 처음 텍스트를 읽을 때 대충 보고 지나가는 경우가 자주 있다. 그러면 수험 생활 후반부엔 다시 보느라 고생하게 될 수 있으니 주의해야 한다.

산만한 사람의
서술형 공부법

2단계: 답안 작성하며 벽돌 쌓기

직접 보지 않고는 믿지 못할 놀라운 일들이 있다. 내게 그 주인공은 'D'라는 여자 후배이다. D는 대학을 졸업하기도 전에 사법고시와 5급 공채 시험을 동시에 준비하고 있었다. 얼마간 함께 공부했었는데 그녀가 어떤 날은 경제학 답안을 쓰고 어떤 날은 헌법 답안을 쓰는 모습을 봤다. 온종일 과목을 바꿔가며 답안만 썼다. 하루에 펜심을 하나씩 쓸 만큼 엄청난 양의 답안을 써 내려갔다(어제 썼던 펜심과 오늘 쓴 펜심이 다를 정도였다). 그 과정에서 어마어마한 양을 머릿속에서 끄집어내고 있었을 것이다. 교과서는 저녁 시간에 잘 모르는 부분 혹은 암기가 필요한 내용 위주로 발췌해서 본다고 했다.

그해 D는 사법고시에 합격했다. 두 해 지나서인가 5급 공채에도 붙었다고 알고 있다. 그녀를 보며 두 가지 생각을 했다. 앞으로 살면서 D 같은 괴물이 사는 공부 세계에 더 이상 발 딛지 말아야겠다는 것과 머릿속 지식을 끄집어내 한 글자씩 써 내려가는 '인출'만큼 확실한 공부법도 없다는 것.

'텍스트를 기계적으로 반복해서 읽을 때인가?' vs '효율적으로 전진할 다른 공부법을 실행할 때인가?' 텍스트 전체를 두 번 정도 읽은 시점에서 우리는 갈림길에 서게 된다.[*] 자연스레 최악의 공부법(여러 번 읽기, 강의 듣기 등)을 적극적으로 실행한다. 이해는 간다. 읽은 내용이 머리에 들어오는 느낌이 막 들고 강의도 알아듣기 쉬워지니 공부하기가 한결 편할 것이다. 텍스트 반복해서 읽기와 강의 듣기. 글쎄, 최선일까?

기계적으로 반복해서 읽어야 할까?
조금 더 힘들어도 효과적인 공부를 해내야 할까?

---

[*] —— 산만한 사람들이 높은 확률로 기계적으로 반복하며 읽기에 돌입하는 시점이기도 하다.

공부는 본래 지긋지긋한 법이다. 하면 할수록 멍하니 텍스트를 읽거나 강의를 보는 편한 공부법에 마음을 빼앗기기 쉽다. 하기는 싫은데 어쩔 수 없이 해야 하니, 본능적으로 편한 방법을 찾게 된다. 문제는 편한 공부법의 효과가 대체로 떨어진다는 점이다.

반면 상당한 에너지를 쏟으며 머리를 쓰면 쓸수록 공부 효과가 좋다. 대입 모의고사를 몇 번만 쳐보면 어렵지 않게 알 수 있다. 모의고사에서 틀린 문제만큼 기억에 오래 남는 것도 없었다. 문제를 푸는 동안 극도로 집중했기 때문이다. 또한 무엇 때문에 틀렸는지 교과서에서 관련 내용을 찾아 읽고 이해하는 과정이 귀찮고 힘겹지만 공부 효율을 극적으로 높였다. 인출 학습 역시 마찬가지이다. 팔이 아프고 귀찮고 흰 종이를 글자로 빼곡하게 채워나가는 일은 고역이다. 머리에 온화하게 자리한 지식을 마른 수건 쥐어짜듯 격정적으로 답안으로 내보내는 과정은 괴롭기만 하다. 하지만 학습 효과가 좋아서 나처럼 짧고 굵게 공부하려는 사람에겐 최적이다.

어떤 경우라도 교과서를 한두 번 읽은 뒤 강박이 있는 사람처럼 곧장 문제를 풀고 답안을 작성했다. 아마 이 시점에 당신은 의문을 품을 것이다. '한두 번 읽고 아는 것도 없이 도대체 어떻게 답안을 쓴다는 거야?'

당연히 교과서를 한두 번 읽고 답안을 열 장, 스무 장씩 써낼 수 없다. 하지만 아침에 미리 문제를 봐두었다 해당 텍스트를 낮에 공부한 다음 저녁에 답안 쓰는 일 정도는 가능하다. 꽤 넓은 범위를 포괄해 출제된 문제를 풀 땐 아예 교과서를 참고해 답을 작성하고 통째로 외웠다. 그리고 저녁때 암기한 것을 다시 써 내려갔다.

읽기가 중심이 되어 여러 번 읽는 학습법과 읽기를 보조 수단으로 활용하는 인출 학습법은 전혀 다르다. 후자의 경우, 읽는 목적이 뚜렷하기 때문에 내용을 구조화하며 읽게 된다. 혹시나 행간의 의미가 이해되지 않는다고 해서 얼렁뚱땅 넘어갈 수도 없다. 왜냐하면 밤에 그 지식을 다시 꺼내 답안을 작성해야 한다는 압박이 늘 따라다니기 때문이다. 읽으면서 자연스레 집중력이 올라간다.

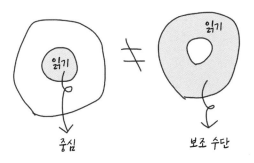

'시간도 없는데 한두 문제의 답안을 작성하겠다고 어떻게 하

루를 전부 투자할 수 있지? 그럴 바엔 수십 페이지를 읽는 게 낫겠어!' 당신이 또 다른 합리적인 의문을 제기하는 소리가 여기까지 들린다.

좀 더 알기 쉽게 설명해보자. 답안을 쓰는 것은 누군가를 가르치는 원리와 같다. 대충 알면 선생님이 될 수 없다. 핵심 키워드와 문장, 문단의 요지를 모두 파악하고 매끄럽게 연결할 수 있어야 잘 설명할 수 있다. 머릿속에서 지식을 꺼내 엮는 과정에서 아는 내용과 모르는 내용을 정확히 구분할 수 있다. 모르는 내용을 타깃팅targeting하고 정밀하게 타격하듯 공부하면 어느 순간 효율성이 쑥 올라간다.

가만히 앉아 오랫동안 책을 읽는 것보다는 시간을 정해놓고 답안을 작성하는 것 역시 집중 시간이 길지 않은 산만한 사람에게 효과적일 수 있다. 문제란 풀거나 못 풀거나, 둘 중 하나이다. 시작과 끝이 뚜렷하다. 읽기는 어디까지 읽고 어디서 멈출지 결정하기가 쉽지 않지만 문제는 해답을 낼 때까지 참고 풀 수 있다.

수학을 공부한다고 가정하자. 우선 교과서를 읽고 개념과 증명을 이해한다. 어차피 한 번만 읽고 전부 이해하기는 어려우니 일단 문제를 푼다. 막히는 문제라도 어지간해서는 답을 보지 않고 풀어야 한다. 문제를 놓고 이렇게 접근해보고 저렇게도 접근해보는 사이 아는 내용은 정리되고 모르는 부분은 선명해진다. 정 안 되겠다 싶을 때만 해답을 보면 된다. 해답에 쓰인 개념을 확인하고 관련 내용을 교과서에서 찾아 읽어보며 지식 체계의 빈틈을 메워 갈 수 있다.

처음에는 답안을 서너 장조차 쓰기 힘들었다. 머리에 지식이 얼마 없었으니까. 실제로 답안을 쓰다가 '도대체 왜 이런 지독한 공부법을 자처하는 거지?'라고 나 자신에게 상당히 진지하게 되물었다. 이렇게 머리가 지끈거리는 시점에서 포기하지 말아야 한다. 한두 달만 지나면 '그때 참아내길 잘했어'라며 스스로 격려하게 된다.

다리 찢기를 생각해보자. 처음 시도할 때는 다리를 조금만 벌려도 "악" 소리가 난다. 하지만 꾸준히 시도하면 다리가 조금씩 찢어진다. 그러다 어느 시점에는 "어? 좀 되네"라는 말이 나오고 어느 순간 아주 편하게 다리를 찢는 자기 자신을 발견할 수 있다. 다리를 찢지는 못하지만, 답안 쓰기가 그렇고 모든 공부가 그렇다는 것쯤은 안다.

산만한 사람의
서술형 공부법

3단계: 암기로 마지막 장식을

충북 청주시에 위치한 공군사관학교에서는 매년 고무 동력기를 날리는 대회가 열린다. 체공 시간으로 순위를 가리기 때문에 고무 동력기가 바람을 타고 산 너머로 날아가야 등수 안에 들 수 있다. 초등학교 시절 내가 만든 고무 동력기는 매번 추락했다. 출전은 했으나 입상한 적이 없다. 일정 고도 이상 올라 바람을 타기가 여간 어려운 일이 아니었다. 야속한 바람이여.

공부도 일정 수준 이상 오르면 거침이 없게 된다. 답안을 쓰던 5월이 가고 6월이 왔다. 서서히 고도에 오르는 기분이 들었다. 인출해보라는 것, 공부한 내용을 끊임없이 꺼내보라는 말은 얄팍한 수법이 아니라 스스로 진통을 선택하라는 조언이다. 하지만 분명 고진감래의 시기가 온다. 6월 중순이 지나자 공부가 바람을 탔다. 반나절 정도 답안을 쓰고 나머지 시간에 틈틈이 교과서를 읽거나 목차와 키워드 위주로 내용을 떠올려보았다.

공부해야 할 양이 서서히 줄어들고 있었다. 문제를 먼저 풀고 교과서를 읽었을 뿐이다. 머릿속이 찰랑거리는 느낌이 좋았다. 어떤 의미에서는 불가사의할 정도로 신기한 체험이었다. 공부에 여유가 생기자 일상에도 탄력이 붙었다. 1시간 운동하고 약 7시간은 반드시 잤다. 두통, 역류성 식도염, 불면증, 감기 등 수험생을 수시로 위협하는 온갖 지저분한 것들로부터 나를 지켜내려면 반드시 해야 하는 일이었다.

슬슬 지쳐가는 시점이기도 했다. 나는 기계가 아니기 때문에 수험 생활 중이라도 많은 것을 느끼고 생각했다. 신체의 모든 감각은 저마다 할 말이 있는 듯했다. 더는 힘들 것 같다고 돌아가며 경고를 해댔다. 하지만 묵묵히 버텨야 한다고 나 자신을 타이르는 수밖에.

암기라고 부를 만한 암기는 이때부터 시작했다. 집이 모양새를 갖췄으니 도배하고, 가구도 들여놓아야 할 때가 왔다고 해야 할까. 주요 학자 이름, 이론의 명칭(심지어 영문 명칭까지), 연도, 각종 수치 등 답안에 활용할 수 있는 내용 위주로 외웠다. 수험 생활 초기부터 억지로 외우려고 덤볐다면 절대 외울 수 없었을 것이다.

주변에 보면 암기하려고 무조건 베껴 쓰거나 문장을 통으로 외우는 친구들이 있었는데 이는 피해야 할 방법이라고 생각한다. 보면서 쓰는 것(필사)은 크게 의미가 없다. 꼭 써야 한다면 단어나 문장을 읽고 잠깐 시간을 둔 뒤 보지 않고 적는 식으로 해야 한다. 모든 문장을 통째로 외우는 것은 사실상 불가능한 일이니 키워드 위주로 암기하는 습관을 들이는 편이 훨씬 효과적이다.

동대문에서 만났던 패셔니스타들의 이야기를 빌려와 100일간의 수험 생활을 요약할 수 있을 것 같다. 내가 만났던 피팅 모델들은 활동을 시작할 때 우선 운동을 했다. 탄탄하고 날씬한 몸(잘 암기된 목차)을 만들었다. 옷걸이가 먼저라는 확신이 있었던 것 같다. 몸이 어느 정도 만들어지자 여러 옷을 입어보며(문제 풀기) 자기 스타일을 찾아갔다. 대부분 질투가 날 만큼 모든 옷을 잘 소화했지만 그중에서도 누군가는 힙한 스타일이 어울렸고, 파스텔 톤보다는 쨍한 색깔의 옷이 어울리는 사람도 있었다. 마지막에 이르러 자기에게 맞는 선글라스나 시계 같은 액세서리(학자, 이론, 연도, 수치 등 암기하기)를 갖춰나갔다. 좋은 틀을 먼저 갖추고 사소한 것 채워가기. 이게 정석이라고 생각한다. 혹시 시계부터 차고 옷을 입은 다음 몸을 만드는 사람은 없겠지.

100일 공부법

1단계 (D-100)   2단계 (D-60)   3단계 (D-30)

몸 만들기   여러 옷 입어보기   액세서리 착용하기
(목차 위주로 공부)   (문제 풀기)   (암기하기)

2차 시험 전날은 백지에 목차부터 쓴 다음 키워드 위주로 적어나갔다. 교과서는 키워드 위주로 훑어보기만 했다.

시험을 앞두면 시간이 쏜살같이 지나가 얼른 과거가 되어버렸으면 좋겠다는 생각을 자주 하게 된다. 당연히 그런 일은 절대 일어나지 않는다. 고속도로 구간 단속 지점을 달리는 차처럼 시간은 언제나 일정하고 더딘 속도로 흘렀다. 100일 공부하고 운 좋게 지원 분야 응시생 중 최고점으로 합격했지만 '불과' 100일처럼 느껴지진 않았다. 시간은 오직 자기 페이스대로 흘러갈 뿐이었다. 이번엔 고무 동력기가 산 너머로 날았다. 기분이 좋았다.

산만한 사람의
면접 노하우

2차 시험 결과는 그해 10월에 발표가 났다. 마지막 3차 면접까지 한 달이란 시간이 주어졌다. 2차 시험 점수를 모르는 상황이었다. 수험생들은 불안해서 학원에 다니거나 서로 면접을 봐줬다. 나는 30일 동안 밤마다 자서전 같은 긴 일기를 썼다. 그것은 기록 이상의 의미가 있었다. 과거를 샅샅이 반추하며 나의 어떤 점이 공무원이란 직업에 어울리는지, 업무에 도움되는 장점은 어떤 것이 있는지 자연스레 연결 지을 수 있었다. 쓰는 동안 마음이 차분해지고 불안함이 덜어지는 건 덤이었다.

쓰기를 적극적으로 권한다. "아니, 면접은 말하기 시험인데 쓰기를 하라는 건 무슨 소리입니까?"라고 묻는다면, "글을 쓰면서 면접에 필요한 소재를 모을 수 있습니다"라고 답하고 싶다. 면접은 얼마나 나를 잘 드러내느냐가 핵심이다. 대부분이 엇비슷한 경험을 해와서 막상 면접장에서 특별한 이야기하기란 쉽지가 않다. 커서 공무원이 될 줄 알고, 은행원이 될 줄 알고, 마케터가 될 줄 알고 미리 준비한 사람이 과연 몇이나 있을까. 무턱대고 말하려고 하면 아무 생각도 나지 않거나 추상적인 답변밖에 할 수 없다. 쓰기는 비교적 시간을 두고 경험을 떠올리며 정리할 수 있어 생각과 경험을 특별하게 말하는 데 도움이 된다.

면접 질문은 크게 세 가지로 구분된다. 인성에 관한 질문, 직무 능력을 확인하는 질문, 조직 적응도를 살피기 위한 질문. 도대체 어떤 맥락에서 묻는지 통 알 수 없는 질문도 있다. 예를 들어 "무기력해질 때 어떻게 대처하는가?"와 같은 막연한 질문. 면접장에서 실제로 이와 같은 질문을 받았다. 이때, 어떤 힘든 날에 나를 돌아보며 썼던 일기의 한 구절로 답을 대신할 수 있었다.

"저는 가능한 한 작은 것에 감탄하려고 의식적으로 노력합니다. 무기력해지는 월요일에도 집을 나설 때 파란 하늘을 바라보며 기분 좋은 에너지를 저에게 주입합니다. 그러면 또 한 주가 힘차게 굴러가는 경험을 자주 했습니다."

이런 식으로 대답했다. 쓰면서 면접을 준비한 덕에 남들과 조금은 다르게 말할 수 있었다.

당장 써먹을 만한 현실적인 팁도 존재한다. 최종 합격 후 2년 쯤 지나 국가공무원 5급 면접시험 출제에 검토위원으로 참여한 적이 있다. 그때 면접 문제 출제위원이자 면접관이셨던 교수님들을 만나 운 좋게 면접 팁을 들을 수 있었다. 세 가지로 정리하면 다음과 같다.

"인재상에 적합한 답변을 하세요"

어느 면접이든 꼭 나오는 질문이 있다. 바로 '딜레마'에 관한 질문이다. 답도 어느 정도 정해져 있다. 공무원 면접을 예로 들자면, "대학 선배인 상사가 부당한 일을 지시할 때 당신은 어떤 선택을 하겠습니까?"라는 질문이 주어질 수 있다. 이때 "상사와의 관계가 중요하니 일단 고민할 것 같습니다"라거나 "조직 사회니까 시키면 하겠습니다"와 같은 답은 적절하지 않다. "규정과 절차를 살펴보겠습니다" 혹은 "무엇이 옳은지 고민하고 바른말을 하겠습니다"와 같이 공직자의 자세와 인재상에 부합하는 답을 해야 한다. "그건 너무 뻔하잖아요"라고 말할 수 있지만 뻔한 답을 두고 군이 쓸데없는 말을 할 필요는 없는 것이다.

"모의 면접으로 자세와 발성 등을 파악하세요"

화면 속 내 시선은 엉뚱한 곳을 향하고 있었다. 면접관의 눈을 마주치지 못하고 두리번거리는 면접자가 제발 내가 아니길 바랐는데, 바로 나였다. 모의 면접을 녹화한 영상을 보니 가관이었다. 눈은 거짓말을 못하고 있었다. 불안, 긴장, 자신 없음, 초조함이 모두 보였다. 면접관의 눈을 보기 어렵다면 코, 그것도 힘들다면 입을 보며 말하라는 조언을 받았다. 부모님, 친구들, 선배들을 동원해 앞에 세워놓고 코나 입을 바라보며 말하는 연습을 했다. 문제점을 지적받자 효과가 있었다. 적어도 면접관의 코를 바라보며 답할 수 있게 됐으니.

"경쟁자보다 말을 적게 하지 마세요"

3차 면접 발표를 앞두고 불안에 시달렸다. 대학을 졸업하고 백수가 되는 일은 피하고 싶었다. 마침 하반기 취업 시즌이라 기업 공채에도 지원했다. 현대, SK, LG 등 대기업 면접을 보며 느낀 점은 자신 있게 치고 나가면서 분위기를 주도할 때 후한 평가를 받을 수 있다는 점이다.

돌이켜보면, 면접에서 토론을 시키는 것은 주제의 옳고 그름을 논하게 하려는 것이 아니다. 어차피 긴장된 상황에서는 다 같이 횡설수설하기 마련이다. 그런 상황에선 한 번이라도 나를 더 어필해야 유리한 것 같다. '이렇게 말하면 혹시 틀리지 않을까?' '면접관이 나를 이기적인 사람으로 보지는 않을까?'라고 고민하지 말고 의견을 당당하게 이야기하자.

면접은 똑똑한 사람만 합격할 수 있는 전형은 아닌 것 같다. 좀 부족해 보여도 자신의 이야기를 상대방에게 잘 전달한 사람이 합격한다는 것을 경험으로 익혔다. 그러니 걱정할 필요 없다.

누구나 자기만의 이야기가 있다. 당신의 인생이 헛되지 않다고 생각하며 자신을 믿자. 불안하면 써보자. 자기 삶을 기록하면서 '아, 그때 내가 잘 버텼구나'라고 생각하며 자신감을 충전하자. 진솔한 이야기로 상대방을 설득하는 능력은 거기서부터 만들어진다.

———

최종 합격 발표를 앞두고 몇 날 며칠 동안 떨리는 마음을 어쩌지 못했다. 하루에도 몇 번씩 점수를 계산했고, 시험장에서 몇 문장만 더 쓰고 나왔더라면 하는 아쉬움에 매일 시달렸다. 합격보다 불합격을 상상하는 날이 많았다. 안 좋은 상상이 극에 달하고 밥을 챙겨 먹는 일조차 힘겨워질 무렵, 합격 소식을 들었다.

합격 문자는 여자 친구를 만나러 가는 길에 받았다. 합격 문자를 받자마자 길바닥에 주저앉아 "우와악!" 하고 환호성을 지른 건 비밀이다.

"나 됐어" 짐짓 태연한 척하며 여자 친구에게 합격 소식을 전한 순간, 세상을 다 가진 기분이었다.

산만한 수험생의
하루

알람 소리에 깨자마자 샤워부터 한 다음 바나나를 하나 집어 들고 집 밖으로 나서는 습관은 수험생 때부터 생겼다. 밤이 되면 집중력이 급격하게 떨어지니 오전에 바짝 공부해야 했다. 그래서 아침 7시나 7시 반 사이에는 독서실 책상 앞에 무조건 앉았다.

6:00	이불을 박차고 일어나기
6:00~6:30	아침 먹고 나갈 준비
6:30~7:00	고난의 행군, 독서실로 이동
7:00~7:30	예열하고 슬쩍 공부
7:30~7:45	잠깐 휴식
7:45~12:00	본격적인 오전 공부

독서실에 도착해 바로 공부를 시작하지는 못했다. 스마트폰이나 신문

을 잠깐 보며 예열˚하는 시간을 가진 다음 30분 쯤 공부를 하고, 또 커피한잔 마시고 본격적으로 오전 공부를 했다.

피곤이 완전히 가시지 않은, 오전에만 느낄 수 있는 멍한 기분이 개인적으로 좋았다. 점심을 먹고 몸에 생기가 돌며 산만한 세포들이 깨어나면 쉴 틈 없이 밀려드는 오만가지 생각을 제어하기 어려운데, 오전엔 비교적 덜 산만하고 평화롭게까지 느껴졌다.

12:00~13:00 점심 식사

14:00~17:00 산만함이 점차 살아나는 오후에도 공부(강의 듣기 등)

17:30~18:30 저녁 식사

18:30~19:30 운동하며 산만함 다스리기

20:00~22:00 오늘 하루 마지막 공부

집중력이 떨어지는 오후에는 수업을 들었다. 필요한 내용만 찾아 들었

● —— 책상 앞에만 앉으면 뇌가 움츠러드는 것 같았다. 이때 공부가 아닌 것들로 한동안 어르고 달래면 시동이 걸렸다. 마음 같아선 앉자마자 열심히 공부하고 싶지만, 어쩔 수 없었다.

다. 저녁에는 동료 수험생과 시간을 정해놓고 함께 문제를 풀었다. 저녁이 되면 한없이 약해진 집중력을 강제로 끌어올리기 위한 장치였다. 학원에 가거나 스터디 하기 전 틈틈이 혼자 공부하기도 했다. 수업이나 스터디가 없을 땐 공부하다가 중간에 낮잠을 자거나, 운동하거나, 음악을 듣거나, 산책하거나, 다시 커피를 한잔 하거나. 그래도 도저히 공부하지 못하겠다 싶을 땐 하루쯤 일찍 집에 가기도 했다.

월요일부터 금요일까지 이런 패턴으로 하루를 보냈다. 주말에는 토요일 오전에 공부한 뒤 오후부터 일요일까지 자유롭게 시간을 보냈다.

22:00~22:30	발걸음 가볍게, 집으로
22:30~23:30	자유 시간(드디어!)
23:30	수험생의 수고로운 하루 마무리

매일 밤, 다른 친구들은 잘사는 것 같은데 나 혼자만 이도 저도 아니게 살고 있다는 생각에 초조했다. 밤마다 불안감이 맹렬하게 찾아왔고 더불어 자주 무력감을 느꼈다. 무엇이라도 단단하게 쥐고 싶었지만 아무리 둘러봐도 붙잡을 만한 것을 쉽게 찾을 수 없었다.

그럴 때 사랑하는 사람과 잠깐 대화를 나누거나 일기를 썼다. 희미한 불빛만 남겨둔 방에서 화면 속으로 빨려 들어갈 듯 스마트폰을 들여다보며 초조함을 잊으려 했던 기억도 난다.

오직 공부를 위해 아침 일찍 일어나고 종일 한자리에 앉아 밤 10시나 11시까지 버티는 생활이 정말 어렵다는 걸, 수험생 신분을 벗고 나서야 새삼 느낀다. 수험생 신분이 아닌 내가 수험생을 위해 글을 쓰는 일이 눈치가 보일 정도인데, 조심스럽게 한마디 건네고 싶다.

오늘 하루 외롭지는 않으셨나요?

잠은 몇 시간 자야 할까? 스마트폰을 2G폰으로 바꿔야
하나? 이놈의 슬럼프는 어떻게 극복하지? 산만하기에
조금은 특별한 일상 노하우, 바로 이런 것들이 있다.

3

산만한
수험생의
일상
노하우

몸을 움직여
충동의 불 잠재우기

주말 저녁, 배달시킨 피자를 먹으며 TV를 켰다. 여기저기 채널을 돌리다 종편의 한 건강 프로그램에서 멈췄다. 주제는 '갱년기'였다. 패널로 출연한 중년 여성이 말했다.

"오후가 되면 속에서 불덩어리 같은 게 올라와요."

깜짝 놀랐다.

'내 안에도 불덩어리가 있는데? 나만 그런 줄 알았는데…'

누군가에게 설명하기는 어려운 느낌이다. 군이 표현하자면 불덩어리가 올라올 때 스트레스를 비롯해 여러 감정과 온갖 감각 등이 믹서기에 섞여 튀어 오르는 느낌이다. 젊은 남자 몸에서 불덩어리가 올라온다는 표현이 이상하게 들릴 수도 있는데 오해는 마시길. 단순히 내 안에 존재하는 폭발적인 느낌을 불덩어리로 표현한 것이니.

"네가 웬 공부야?"

"당장 때려치우고 하고 싶은 일이나 해!"

"어차피 넌 오래 앉아있지도 못해!"

책상 앞에 앉으면 불덩어리가 시도 때도 없이 내게 말을 걸어왔다. 그때마다 소화기를 들어 진압에 나서야 했다. 멋대로 불타오르게 두었다가는 그 화력에 내가 전소될 것만 같았으니까. 도저히 진압이 안 될 때도 있었다. 그럴 땐 자리를 박차고 나와 헬스장으로 향했다. 땀 흘리며 운동해서라도 불덩어리를 잠재워버리게.

헬스장 러닝 머신 위에서 뛰었다. 시속 8킬로미터가 적당하게 느껴졌다. 러닝 머신 앞 전면 거울에 비친 나를 바라보며 많은 사람이 하나둘 떠올랐다. 응원해주는 엄마, 응원하면서도 말은 아끼는 아빠, 결혼하고 싶은 여자 친구, 친구들까지. 시속 10킬로미터까지 속력을 높였다. 막판엔 시속 12킬로미터로 설정하고 3분을 달렸는데 공중 위를 나는 듯한 환각 상태가 좋았다. 스트레스를 뱉는 마음으로 침을 바닥에 탁 뱉어내고 싶었지만 실내니까 침을 꿀떡 꿀떡 삼켜가며 열심히 달렸던 기억이 지금도 선명하다. 그렇게 뛰고 나면 불덩어리는 한동안 잠잠했다. 나는 트레이너가 아니니 "자, 이렇게요"라며 운동하는 요령을 설명할 수는 없지만 적어도 불덩어리를 제압하는 데 운동의 효과가 뛰어나다고 말할 수는 있다.

운동과 학습 효율의 상관관계는 과학적으로도 근거가 있는 이야기이다. 어떤 공부법 책에서는 운동의 필요성을 설명하며 뉴런 이야기를 잔뜩 써놓는다. 수험생 때 그 부분은 안 읽고 넘긴 기억이 있어 그런 내용은 쓰지 않으려 했는데 아무래도 구색 맞추기로 써야겠다. 한 문단 정도만.

유산소 운동을 하면 기억과 학습에 영향을 미치는 뉴런이 활성화되어 학습 효율이 높아진다고 한다. 구글에 몇 번만 검색하면 알 수 있는 내용이다. 운동과 기억력에 관한 듀크대의 연구, 운동이 성년의 뇌세포에 미치는 효과에 관한 컬럼비아대의 연구 등. 결론은 같았다. '운동해라!'

독자들은 '또 운동 이야기야?'라고 생각할지 모른다. 게다가 운동하지 않는 사람 중에 공부를 잘하는 사람이 여럿 있다는 사실을 인정하지 않을 수 없다. 하지만 가슴에 불덩어리가 있는 사람, 감정의 진폭이 큰 사람, 공부·충전·유지 시간의 균형이 흔들리는 사람이라면 운동을 시도해볼 만하다. 어찌 됐든 몸이 약할 때보다는 강할 때 수험 생활을 잘 유지할 수 있기 때문이다.

    온갖 자극에 예민하고 산만한 사람들이여. 그만 생각하고, 후회하고, 걱정하고, 상처받고, 무서워하고, 조마조마해하고, 절망하고, 불안해하고, 조심스러워하고, 의심하고, 혼란스러워하고, 비틀거리고, 서두르고, 불평하고, 끙끙대고, 따지고, 간섭하고, 세상을 탓하고, 스스로 갉아먹지 말고 나가서 뛰기라도 하자. 불덩어리가 식는 느낌이 들 것이다.

스마트폰을
어찌하오리까

　스마트폰을 집어 든 순간부터 1시간 공부하고 10분만 쉬겠다
는 다짐이 물거품이 된 경험, 오히려 10분 공부하고 1시간 스마트
폰을 가지고 논 경험. 누구나 있을 것이다. 이뿐만이겠는가. 시도
때도 없이 울리는 카톡 알람은 집중을 수시로 방해한다. 어느 진로
상담 홈페이지에서도 스마트폰에 대한 고민이 많은 것을 확인한
적이 있다. 댓글 대부분이 '사용하지 마라'는 내용이었고 '스마트
폰을 차단하라'는 조언도 압도적으로 많았다. '스마트폰을 어머니
께 맡기라'는 댓글까지 있었다.

　"스마트폰을 2G폰으로 바꿔라" "스마트폰 사용 시간을 확인
할 수 있는 애플리케이션을 다운 받아라" "스마트폰 전원을 꺼라"
라니.

산만한 사람에게 스마트폰 사용을
무조건 금지하는 게 효과적일까?

적어도 산만한 사람에게 스마트폰의 전원을 끄라는 답변은 훌륭한 조언이 아니라고 생각한다. 터부 자체가 장애 기제로 작동하기 때문이다. 게임도 몰래 하는 게임이 더 재미있고, 음식도 먹지 말라는 음식이 더 맛있다. 즉, '하지 마라' 혹은 '끊어라' 같은 터부는 오히려 자극만 더 강화할 뿐이다. 충동이나 욕망을 억압하고 금지하려고 노력하는 대신 관점을 바꿔보면 어떨까.

당신이 지금 협박을 받는 상황이라고 가정해보자. '협박하든 말든 신경 쓰지 않겠다'는 자세를 취하는 순간 협박범은 할 일이 없어진다. 당신을 괴롭힐 요인이 사라지기 때문이다. 반면 협박범이 협박할 때마다 무섭다고 반응하면 그는 재미를 붙이고 위협의 몸집을 불릴 것이다. 본능도 마찬가지이다. '스마트폰을 절대 만지지 말자' 하며 자신을 억압하는 것보다 '스마트폰을 만지든 말든 뭐 어때'라는 식으로 대응해야 오히려 마음이 편해져 효과적으로 공부할 수 있다.

'스마트폰 좀 하면 어때'라는 식으로 공부를 방해하는 여러 자극을 내버려둔 채 충전 시간, 즉 나를 채워주는 시간을 적극적으로 활용해보자. 다시 말해 스마트폰 만지는 시간을 점진적으로 줄여가고 그 시간을 운동이나 잠, 산책 등으로 채워가는 것이다. 시행착오가 있을 수 있지만 조금씩 줄여나가면 된다.

사람들이 무엇에 중독되거나 필요 이상으로 빠져드는 경우는 그 자체의 즐거움보다 아쉬움 때문인 경우가 많다. 더 하고 싶은데 할 수 없는 아쉬움. 초콜릿도 계속 먹으라고 하면 물릴 수밖에 없고, 매일 게임만 하래도 충분히 재미를 맛본 후에는 싫증을 느낀다. 기억하자. 금기는 언제나 엉뚱한 환상만 키울 뿐이니 마음을 조금 편안하게 먹는 편이 낫다는 것을.

음악과 카페에 대한
엄숙주의 버리기

"외로웠어. 뭐랄까, 혼자서는 도저히 견디기 힘들 만큼 스스로 초라해 보여서 위로가 필요했어. 그럴 때마다 카페에 가서 매번 같은 자리에 앉아 같은 음악을 반복해서 듣곤 했어."

대학에서 미술을 전공한 그 친구는 늦은 나이에 세무사 시험에 뛰어들었다. 꿈과 현실 사이에서 그녀가 찾은 선택지였다. "공부하며 집중이 안 되거나 힘들 때 어떻게 견뎠어?"라는 질문에 그녀는 음악 이야기를 했다. 독서실 앞에 자주 들르던 조그만 카페에 가서 창가 구석 자리에 앉아 이어폰을 귀에 꽂고 좋아하는 피아노곡을 몇 번이고 되풀이해 들으며 문제를 풀거나 잠깐 쉬다 보면 마음속의 채워지지 않던 부분이 메워졌다고 한다. 음악 한 음과 책 한 줄이 함께 몸속으로 스며드는 느낌이라고 말했던 것 같다.

누구나 똑같은 것을 반복하다 보면 에너지가 서서히 고갈된다 (억지로 한다면 더더욱 그렇다). 이때 좋아하는 무언가가 있다면 긴 수험 생활이 조금은 나아질 수 있다.

포근한 분위기, 은은한 조명, 상쾌한 공기 등. 쇠락한 일상을 살아내야 하는 수험생에게 이런 소박하지만 사랑스러운 것들은 내가 나 자신으로 존재한다는 기분을 선물해준다. 결정적으로 내가 좋아하는 것들로 둘러싸여있는 동안에는 무력함이나 우울감도 내 안으로 침투하는 힘이 확실히 약화되는 걸 느끼게 된다.

물론, 시험을 볼 때는 음악을 들을 수 없다. 시험을 카페에서 칠 수도 없다. 그래서 귀에 이어폰을 꽂고 카페에 앉아 공부하는 학생을 한심하게 생각하는 사람들이 있다. '공부 안 되니까 괜히 저러는 거야'라며. 하지만 노랫말에 설령 집중을 좀 방해받더라도 공부하는 시간을 켜켜이 쌓아갈 수 있다면 그 자체로 훌륭하다고 생각한다. 집중력이 약한 사람이 이렇게라도 공부하려 한다는 그 자체가 하나의 성취 아닐까.

공부하기 위해 억지로 책상 앞에 앉아있는 행위는 결코 편하지 않았다. 그럴 때마다 이어폰을 귀에 꽂았다. 음악을 듣다가 공부의 세계에 입장한 것 같은 기분이 들면 이어폰을 책상 위에 내려놓

왔다. 더 이상 앉아있기가 힘들 땐 가벼운 교과서 한 권을 손에 들고 카페에 가기도 했다. 30분 정도 앉아있다가 카페 의자가 불편하거나 너무 소란스러워 집중이 안 된다 싶으면 다시 독서실로 돌아왔다.

많은 수험생은 '무엇이 나의 집중력을 방해하는지'에만 자꾸 집착한다. 하지만 수험 생활을 견디려면 어느 정도 자신의 취향과 욕망을 충족하며 공부하는 게 도움이 된다. 방해되는 요소를 찾는 것보다 좋아하는 음악처럼 집중을 도울 보조 수단을 찾는 편이 더 쉽다.

힘은 시험 날 잘 발휘하면 된다. 세무사를 준비하던 그녀처럼 경직된 수험 생활 속에서 말랑한 음악을 받아들여 스스로를 이완해보자. 새로운 에너지가 유입되는 경험을 할 수 있을 것이다.

잠을
혁명하라

사람들은 적게 자고 오래 공부할 수 있다고 오해한다. 두통과 피로, 집중력 저하, 식욕 저하, 소화불량 같은 증상들이 생기는 이유가 뭐라고 생각하는 걸까. 잠이 체온과 소화 등 몸의 전반적인 리듬을 관장하는데.

불면증까지는 아니지만 눈을 감아도 꿈나라로 직행하지 못하는 수험생들이 있다.* 소름 끼치도록 피곤하지 않으면 한참 뒤척이다 30분 정도 지나야 잠들 수 있다. 따뜻한 우유를 데워 먹어도, 잠자기 전에 반신욕을 하거나 스트레칭을 하고, 베개를 바꿔봐도 극적인 변화는 찾아오지 않는다. 자려고 누웠는데 성적, 가족, 미래,

* —— 특히 산만한 수험생은 시험 스트레스에 더욱 예민하게 반응하여 쉽게 각성 상태가 되니 잠에 들기가 더 어려울 수 있다.

개인사 등 온갖 문제가 떠오르니 잠이 오지 않는다.

　나도 수험생일 때 쉽게 잠들지 못했다. 돌이켜보면 어떤 방법을 써도 달아나는 잠을 다시 잡아올 수 없었다. 잠이 오는 특정한 환경을 만들어도 큰 도움이 되지는 않았다. 내가 선택한 방법은 하나였다. 잠들기에 약간 이른 때를 취침 시간으로 정해 무조건 그 시간에 눕는 것. 불 끄고 주변 환경을 조용히 정리하는 것 외에는 도리가 없었다. 수험생이라면 일정한 시간에 잠드는 것이 기본이다.

　"수험생은 몇 시간 자야 하나?"라고 묻는다면 "정확한 답이 없다"고 말하고 싶다. 주말에 잠을 몰아서 잘 수도 있지만 10시간씩 잤다고 다음 날 아주 피곤하지 않은 것도 아니다. 어떤 날은 잘수록 졸리기도 한다.

　수험생의 마음속에 이미 답이 정해져 있다고 본다. 자기 수면 시간을 가장 잘 아는 사람은 바로 자신이기 때문이다. 낮잠을 얼마나 자야 피곤이 풀리는지 혹은 밤에 몇 시간을 자야 다음 날 최상의 컨디션을 유지하는지 본인만이 알고 있다. 그런데도 충분한 수면 시간을 묻는 말에는 위안과 동조를 얻고 싶은 간절한 마음이 담겨있는 것 같다.

　낮잠을 잤다고 스트레스 받을 필요도 없다. 잠시 잠에 빠진 건 의지가 꺾이거나 약점을 드러낸 부끄러운 일이 아니다. 수면 연구가 사라 메드닉Sara Mednick은 낮잠을 잠깐만 자도 엄청난 효과를 얻을 수 있다고 말했다. 생산성 향상, 인지 능력 강화, 체력 강화, 기분 전환, 창의성 증대, 기억력 증대, 스트레스 감소, 편두통과 위염 빈도 감소 등. 커피 한잔 먹는 데 걸리는 시간을 잠에 투자하는 것치고는 효과가 나쁘지 않다.

허핑턴 포스트 미디어 그룹의 공동 창립자 아리아나 허핑턴Arianna Huffington은 과로로 사무실에서 쓰러진 후 수면 전도사를 자처하며 책을 썼다. 그 제목이 《수면 혁명The Sleep Revolution》이다. 산업혁명, 시민혁명, 독립혁명에나 쓰는 '혁명'이란 단어를 잠에 쓰다니. 어쩌면 혁명만큼 어려운 일이라는 의미인지도 모르겠다. 그녀는 서문에서 "궁극적으로 수면은 활력의 중심에 있다"며 "수면으로 삶을 혁명하자"고 했다. 그래, 잠을 혁명하자.

슬럼프에 빠진
수험생에게

'노력했는데 원하는 결과가 나오지 않을 때' 혹은 '왜 공부하는지 알 수 없고 회의감만 밀려들 때'처럼 특정한 순간에만 슬럼프가 오는 것 같지만, 사실 슬럼프는 아무 때나 온다. 공부가 술술 잘되다 갑자기 슬럼프가 오는 게 아니라, 수험 생활 그 자체가 슬럼프이고 가끔 공부 잘되는 때가 있을 뿐 아닌가. 수험 기간이 100일이라면 공부하기 싫은 날이 100일에 달하는 것이 현실인데.

슬럼프는 수험생한테만 오는 것도 아니다. 특별하게 사는 몇몇을 제외하면 일상은 평범할 수밖에 없어서 직장 생활을 하는 아버지에게도, 아르바이트하는 친구에게도, 초등학교를 다니는 동생에게도 슬럼프는 온다.

'나중을 위해 지금 참아야지'라고 견디다 '도대체 언제까지 이

래야 하나?' 하는 생각이 드는 순간 슬럼프라고 부를 만한 것이 찾아왔던 것 같다. 봉쇄된 느낌이랄까. 공부를 할 수도, 어떤 것도 시작할 수 없는 그런 꽉 막힌 기분. 얼마 안 되는 참을성 때문인지 '슬럼프다!' 싶을 때는 감기처럼 쉽게 그리고 자주 찾아왔다.

목이 따끔거리는 것은 감기가 온다는 신호이다. 이때 병원에 가거나 푹 쉬어야 감기를 물리칠 수 있다. 잠을 자거나 휴식을 취해야 한다. 그런데 그게 마음대로 될 리가 있나. 꼭 그때 바쁘거나 무슨 일이 터진다. 편도가 된통 붓고 감기 바이러스가 온몸을 점령하면 별다른 방법이 없다. 약 먹으면서 쉬는 수밖에. 빨리 낫고 싶다며 초조해봤자 낫지도 않는다. 열이 나고 콧물이 나는 등 바이러스가 얼굴 한 바퀴를 실컷 산책한 다음에야 몸이 슬슬 회복된다.

슬럼프도 그렇다. 우리는 직감적으로 슬럼프가 온 것을 알 수 있다. '요즘 왜 이렇게 피곤하지?' '갑자기 왜 이렇게 일이 안 풀릴까?' 싶은 순간이 따끔거리는 때다. 그럴 때 하루쯤 쉬거나 조금 더 노력해서 작은 성과를 만들면 좋을 테지만 쉽지 않다. 안 좋은 상황에 슬럼프가 왔을 테니 안 좋게 계속 흘러갈 뿐. 여지없이 주르륵 슬럼프행이다. 슬럼프가 영혼을 점령한 뒤엔 역시 이미 늦다. 슬럼프가 한번 자리를 잡으면 괴롭힐 것을 다 괴롭힌 다음에야 물러간다. 엉엉 눈물을 흘릴 수도, 이불에서 나오지 못할 수도 있다.

'괴롭다' 또는 '절망스럽다'는 감정은 수험생이 피해갈 수 없는 감정이다. 그러나 감기가 누구나 앓는 병이듯, 슬럼프도 나한테만 오는 것은 아니니 너무 낙담하지 않기를. 몸이 피곤할 때 감기에 걸리듯 마음이 지칠 때 슬럼프가 올 뿐이다. 특히 산만한 사람들은 머릿속이 분주히 돌아가거나 예민할 때가 잦아 마음이 쉽게 피곤해질 테니 아무래도 슬럼프와 더 친숙할 수밖에 없다.

슬럼프에 어떻게 대처하면 좋을까? 감기를 예방하는 방법과 비슷하지 않을까? 앞서 강조한 것들, 즉 잘 먹고 잘 자고 운동해서 면역력을 기르는 것, 스트레스에 빠져버리지 않도록 그때그때 해소하는 것 등 여러 방법이 있을 것이다.

이건 나만의 유별난 방법이긴 한데, 슬럼프가 온다 싶으면 계절의 변화를 면밀히 느껴본다. 계절의 변화는 어찌 보면 사소하고 하찮은 일일 수 있지만 때마다 달라지는 온도를 느끼면 컨디션이 달라진다. 봄에 피는 꽃이 우리에게 생기를 전해주듯 계절이 불러오는 평범한 변화에 특별한 의미를 부여해보자. 밥 먹고 옷 입고 독서실 가고 산책하고 집에 돌아오는 일상에서 매력적인 요소를 찾을 수 있다. 그러는 사이 슬럼프는 더디게 오거나, 왔다가 돌아가는 것 같다.
그래도 슬럼프가 끝까지 버틴다면 결승점에 거의 다 왔다는 신호니 오히려 손 흔들며 반갑게 맞아주면 어떨까? 지겹거나 포기하고 싶은 마음은 결승선 앞에서 솟구치기 마련이니까. 그렇게 보면 슬럼프는 어느 수준 이상 도달한 사람에게만 찾아오는 불청객이다. '도대체 언제까지 이렇게 지내야 하나?' 대신 '거의 다 왔나 보다!'라고 생각하자. 그 유명한 말도 있지 않은가. 이 또한 지나가리니.

집중력이 떨어질 때,
나만의 '의식' 치르기

이상하게 보일지 모르겠지만 공부하다 집중력이 떨어지면 쓰던 펜들을 닦고 조이곤 했다. 방법은 이렇다. 일단 망가지거나 때가 낀 형광펜은 내다 버리고 펜과 샤프를 분해한다. 답안을 작성하는 펜의 허리와 머리 부분에 투명 테이프를 감아서 펜심을 고정한다. 샤프 뚜껑을 열어 부러진 샤프심은 전부 모아 버리고 새로운 심을 든든하게 먹여준다. 분해했던 샤프와 펜의 머리 부분을 조일 때는 최대한 꽉 조여주고 물티슈 한 장을 뽑아 구석구석 닦으면 끝이다.

결코 청결함에 편집증이 있는 사람은 아니다. 하지만 책상 앞에 앉아 매일 사용하는 공구들을 정리하고 있으면 대상을 새로운 시각으로 바라보는 경험을 하곤 했다. 시간을 낭비했다는 생각보다는 초조하던 마음이 어느새 가라앉는 느낌이 들었다. 수험 생활을 좀 더 해나갈 수 있겠다는 그런 감정이 들었다.

내 이야기만 해서는 난해하게 들릴 수 있을 것 같다. 곤도 마리에^{近藤 麻理惠} 씨의 이야기를 들어보자. 《인생이 빛나는 정리의 마법^{人生がときめく片づけの魔法}》의 저자로 그녀가 쓴 총 네 권의 책은 일본뿐만이 아니라 전 세계에서 600만 권이 넘게 팔렸다. 영어로 'Kondo(곤도)'라는 단어가 '정리하다'를 뜻하는 신조어가 됐을 정도이다.

> "정리하면 삶을 대하는 방식이 달라집니다. 정리를 통해 과거를 처리하기 때문입니다. 그런 작업을 하며 인생에서 정말 무엇이 필요하고 무엇이 필요하지 않은지, 무엇을 해야 하고 무엇을 그만둬야 하는지를 확실히 알게 됩니다."

매일 아침 책상 앞에 앉아 전날 어질러진 책들을 정리하다 보면 오늘 봐야 할 책들이 보였다. 공부했던 내용이 떠오르면서 어제는 어떤 공부가 부족했으니 오늘은 이 부분을 중점적으로 보자고 머릿속에서 정리도 됐다. 아무렇게나 끄적인 메모지를 정리하다가 유난히 별표를 많이 친 부분은 한 번 더 읽게 되고 덕분에 기억을 강화할 수 있었다. 수험생이란 나의 신분, 내가 해야 할 일을 좀 더 진지하게 생각해보는 계기도 됐다. 수험 기간에 자기만의 방식대

로 마음을 다잡을 수 있는 행위를 하나쯤 만들어보는 것도 꽤 괜찮

지 않을까?

아무리 읽어도 머리엔 아무것도 남지 않는 신기한 경험을
한 적이 있는가? 적어도 나는 그랬다. 산만하기에 남들보다
신경을 써야 할 점이 분명히 있었다.

4 산만한 당신이 공부할 때 유의 사항

훑어만 볼 때,
통제가 어려울 때,
지겨울 때

구글 검색창에 '주의력결핍'을 입력했다. 장애, 치료 방법, 약 등. 나는 그런 걸 찾고 싶었던 게 아니었다. 주의력결핍이 사람마다 어떤 양상으로 나타나는지 알고 싶었다. 내가 주의력결핍까진 아니라는 사실도 슬쩍 확인하고 싶었다. 그런데 치료법을 비롯한 의학적 정보와 자녀 교육에 관한 내용뿐이었다.

내가 경험한 '주의력결핍' 이야기를 먼저 해야 할 것 같다. 나는 '이럴 때' 주의력이 결핍되었다고 느꼈다.

"자꾸 대상을 훑어 봅니다"

좋게 말하면 대상의 윤곽을 먼저 파악한다고 할 수 있을 것 같다. 하지만 건성으로 대하며 디테일을 놓친다는 것이 진짜 의미! 나는 어떤 한 대상을 자세히 들여다보는 대신 빠르게 훑어 보는 습관이 있다. 그러다 보면 놓치는 것들이 생겨 실수가 잦다. 여러 번 읽어도 훑어만 보니 디테일은 놓치고 머릿속에 아무것도 남지 않는 경험을 너무 자주 했다.

꼼꼼하게 공부하기 위해 읽기 전에 머릿속으로 먼저 내가 어떤 내용을 알고 있는지 정리했다. 어떤 부분에서 막히면 가려운 느낌이 드는데, 그 느낌이 극에 달할 즈음 교과서를 읽으면 쾌감도 있고 몰입도 됐다. 물론 중간고사나 기말고사와 같이 세세한 부분까지 암기해야 하는 시험은 다른 전략을 썼다. 뚜껑 닫힌 펜 끝으로 단어 하나하나 동그라미를 그려가며 읽었다. 중요하지 않다고 생각해서 흘려보낸 단어나 개념 중에 꼭 시험에 나오는 것들이 있었기 때문이다. 흐름이나 개괄, 논리 등이 중요한 시험을 준비할 때는 전자의 방법을, 단순 암기가 중요한 시험을 준비할 때는 후자의 방법을 각각 활용했더니 각종 시험에서 좋은 결과를 얻는 데 큰 도움이 됐다.

"충동을 통제하기 어려워 미칠 것 같아요"

'아아, 커피 한잔하고 힘내야지!'
'게임 1시간만 하고 와서 공부해야지!'
'친구들과 수다 조금만 떨고 다시 풀어야지!'

독서실에서 나와, 책상 위에 펼쳐두고 온 교과서를 떠올리며 막연하게 걱정하는 기분이란 어쩐지 근사하지 않은가. 쉬었다 돌아가면 새로 시작하는 상쾌한 기분이 들 것 같고, 남은 하루는 정말 열심히 해볼 수 있겠다는 생각도 든다. 가끔은 돌아와서 더 열심히 할 때도 있지만 자기 합리화일 때가 더 많다.

가령 스마트폰을 만지면서 느끼는 불안한 마음처럼 당장 충동을 즐기면서도 그 대가로 죄책감을 수시로 느낀다. 스마트폰을 집에 두고도 와보고, 전원을 꺼보기도 하는 등 별짓 다 해봤자 결국 스마트폰 사용 시간은 비슷할지 모르는데도 말이다. 이뿐이랴. 단 음식, 게임, 인터넷 등 별별 것들과 고군분투하느라 애쓰는 기분이란.

나를 비롯해 우리는 이상적이기만 한 모습으로 살 수 없다. 여태껏 높은 기준을 세우고 여러 번 실패하면서 자책하는 내 모습 그 자체로 만족하는 지경에 이르지 않았는지 되돌아보게 된다. 어떤 기준에 집착하는 대신 차라리 이것저것 하고 싶은 만큼 해보고 내가 어떤 사람이며 원하는 게 무엇인지를 아는 것이 중요하지 않을까. 나를 잘 알아야 나의 충동을 관리하는 방법도 자연스레 알아갈 테니 말이다.

"일상이 지겹기만 합니다"

같은 시간에 일어나 알람을 끄고, 환승역과 가까운 5-3 플랫폼에서 지하철을 탄다. 독서실에 도착해 내 자리에 앉고 보니 옆자리 사람은 오늘도 나보다 늦게 독서실에 나타나고, 나는 하던 일을 하다 밤이 되면 집으로 돌아와 잠자리에 드는 일. '일상'이라 불리는 이 나날은 사람을 지치게 만들기도 한다. 돌이 굴러떨어질 줄 알면서도 언덕 위로 그 돌을 밀어 올리는 시시포스와 비슷한 처지라고 자주 생각했다.

무언가 관두고 싶을 때마다 기존에 하던 일이 단조롭고 지겹기 때문이라는 핑계를 자주 댔다. 새로운 것을 갈망한다는 이유를 내밀었다. 너무 지쳤고 지금이 끊어갈 타이밍이라고 말했다. 지금도 나쁘지 않으면서 괜히 더 좋은 것을 경험하고 싶다고 했다. 진정한 자아를 찾겠다는 말도 자주 했다. 벗어나면 더 잘하겠다고 다 짐했다.

지금 하는 일을 관두고 다른 일을 한다고 거기에 새로운 내가 있을까? 갑자기 뉴욕에 간다고 해서 거기에는 진정한 내가 있을 까? 지금 하던 일을 멈추고 다른 일을 했을 때 내 자아를 찾을 수 있다면 당장 그 일을 해야 한다. 하지만 그런 일은 잘 없으니 그저 믿을 뿐이다. 우선 현재 하는 일에서 의미를 찾을 수 있어야 한다 고. 그렇지 않으면 무언가를 성취하기 전에 다른 일을 시도만 하며 방황하게 될 수도 있으니 말이다.

필때로 가는 지름길,
읽고 또 읽고

일곱 번만 읽으면 모든 공부가 끝난다? 솔깃하다. 《7번 읽기 공부법東大首席弁護士が敎える超速「7回讀み」勉强法》 저자인 야마구치 마유山口 眞由는 '시험의 달인'이라 불렸다. 사법고시와 행정고시를 패스했고 도쿄대를 수석으로 졸업했으니 그럴 만하다. 하지만 이 책을 읽다 당황했다. 제목만 보면 읽기에 관한 책이 분명한데 막상 내용을 자세히 들여다보면 그저 읽기를 강조하는 책은 아니었기 때문이다.

일곱 단계마다 핵심이 있다. 처음에는 흐름을 파악하기. 세 번째 읽을 때 키워드를 의식하기. 그다음에 키워드와 키워드 사이의 연결 지점 파악하기. 여섯 번째쯤 세세한 부분까지 암기하고 마지막에는 머릿속에 선명히 떠오르지 않는 부분을 골라 읽기. 종합해 보면 어디까지나 체계적으로 공부하라는 뜻이지 제목 그대로 무조건 반복해서 읽으라는 의미가 아니었다. 소설책 읽듯 교과서를 일곱 번만 읽고 공부가 완성될 것을 기대했다면 그 기대를 거두시길.

밑줄 그으며 여러 번 읽기는 많은 수험생에게 굉장히 사랑받는 학습법이다. 조금만 생각을 달리해보면 그저 남들 다 하는 똑같은 학습법으로 더 오래 기억하고 더 좋은 성적을 얻기란 어렵지 않을까 싶은데도 말이다.

"남들처럼 교과서나 참고 자료를 읽고, 학원 수업도 열심히 들었어요. 다들 그렇게 하니까요. 그런데 그때뿐이었어요. 수업을 듣거나 책을 보면 전부 알 거 같은데 막상 돌아서면 내용이 기억나지 않아요."

읽고 또 읽는 공부법은 구체적으로 무엇이 문제일까?

뭐든 읽고 나면 안다는 느낌이 든다. 나는 《죄와 벌》을 읽어서 내용을 아는 것 같지만 지금 설명할 수는 없다. 기껏해야 '주인공의 이름은 라스콜니코프예요' 정도 이야기할 수 있다. 하지만 수험생에게 '안다'는 '설명할 수 있다'와 동의어여야 한다. 설명이 가능할 정도로 내용을 숙지해야 어떤 문제든 풀 수 있기 때문이다. 단순히 읽기만 해서는 그 내용을 누군가에게 설명하기가 어렵다.

설명할 수 있는 수준으로 실력을 끌어올리기 위해서는 텍스트를 읽은 뒤 문제를 푸는 등 테스트하는 과정이 필요하다. 시간이 오래 걸리더라도 말이다. 물론 쉬지 않고 반복해서 읽기만 할 경우 비교적 짧은 시간 안에 많은 내용을 볼 수 있다. 이렇듯 '많은 내용을 짧은 시간에 봤다'는 사실과 '안다'는 느낌이 결합하면 수험생에게 '제대로 공부하고 있다'는 무서운 착각을 유발한다.

교과서를 빠짐없이 읽었다고 해서 내용의 중요성이나 적용 가능성, 기존 지식과의 연관성까지 완전히 파악하진 못한다. 게다가 같은 내용을 보고도 남들과 다르게 의미 부여를 하기도 한다.* 읽기만 해서는 안 되고 끊임없이 테스트해야 한다.

반복 읽기가 학습 효율을 낮춘다는 것은 다양한 실험으로 이미 입증되었다. 헨리 뢰디거Henry J. Roediger 등이 쓴 《어떻게 공부할 것인가Make It Stick》에 오로지 여러 번 읽기만 했을 때의 한계와 관련된 실험이 잘 소개되어있다. 2008년 워싱턴대에서 진행한 실험 결과 여러 번 텍스트를 읽어도 한 번 텍스트를 읽은 경우와 학습 상태가 거의 비슷했다. 시간이 흐르면서 여러 번 읽기만 한 내용이

---

* —— 산만한 사람들은 차분한 사람들에 비해 자기 주관이 뚜렷해서 같은 내용을 읽고도 전혀 엉뚱한 방향으로 해석할 때가 있다.

자연스레 망각되었기 때문이다.

그럼에도 불구하고! 수험 생활 초기에는 교과서를 읽을 수밖에 없다. 읽더라도 다음 내용을 반드시 기억하자. 데카르트가 그의 저서 《방법서설》에 제시한 생각의 네 가지 규칙이다.

첫째, 명증적으로 참이라고 인식한 것 외에는 그 어떤 것도 참된 것으로 받아들이지 말 것, 즉 속단과 편견을 신중히 피하고, 조금도 의심의 여지가 없을 정도로 명석 판명하게 내 정신에 나타나는 것 외에는 그 어떤 것에 대해서도 판단을 내리지 말 것.

둘째, 검토할 어려움들을 각각 잘 해결할 수 있도록 가능한 한 작은 부분으로 나눌 것.

셋째, 내 생각들을 순서에 따라 이끌어 나아갈 것, 즉 가장 단순하고 가장 알기 쉬운 대상에서 출발하여 마치 계단을 올라가듯 조금씩 올라가 가장 복잡한 것의 인식에까지 이를 것, 그리고 본래 전후 순서가 없는 것에서도 순서를 상정하여 나아갈 것.

넷째, 아무것도 빠트리지 않았다는 확신이 들 정도로 완벽한 열거와 전반적인 검사를 어디서나 행할 것.

쉽게 말해 "'왜'라는 의문을 계속 제기하라" "큰 덩어리로 읽지 말고 읽으면서 가능한 한 작게 세분화하며 내용을 이해해라" "처음부터 무리하지 말고 가장 알기 쉬운 대상부터 읽기 시작해 마치 계단을 올라가듯 복잡한 것으로 나아가라" "아무것도 빠트리지 않았다는 확신이 들 정도로 완벽하게 검토하라"는 내용이다.

나는 시간이 걸리더라도 교과서를 읽다 모르는 부분이 있으면 개념이 무엇이고, 다른 챕터의 어떤 내용과 관련이 있는지 찾으려 노력했다. 진절머리 나도록 귀찮은 일이었지만 '장기적으로는 이렇게 해야 한다'는 고약하고도 단순한 믿음이 있었다. 실제로 '이렇게 하면 이해가 될까?'라고 생각하며 차근차근 자문자답을 하고 공부해야 할 내용을 쪼개어 읽으면 정리가 됐다. 어느 시점부터 읽는 속도도 조금씩 빨라졌다. 더 이상 밑 빠진 독에 물 붓는 느낌에 시달리며 괴로워하지 않았다.

의미 있는 확신과 불필요한 오만을 가르는 벽은 의외로 아주 얇다. 어린 시절에는 반복해서 읽기만 해도 성적이 그럭저럭 괜찮았다. 감으로 읽고 감으로 문제를 풀었다. 하지만 학습량이 늘어날수록, 미세한 점수 차이로 등수가 판이하게 달라지는 시험일수록 오래 걸려도 꼼꼼하고 체계적으로 준비해야 뒤처지지 않는다는 사실을 깨달았다. 이것이 수험 생활에 대처하는 최소한의 자세라고 생각했다.

산만한 당신이 공부할 때
이것만큼은

어느 순간 나 자신의 일부가 된 것처럼 마음속에 오랜 시간 담아온 문제가 있다. 산만한 성격에도 불구하고 아주 오랫동안 집요하게 고민해온 문제는 바로 '어떻게 하면 짧은 시간에 많은 양을 공부할 수 있을까?'이다. 바꿔 말하면 '학습 효율'에 관한 문제. 짧은 시간에 많은 양을 공부할 수 있다면 아낀 시간에 하고 싶은 일을 할 수 있으니 딴짓을 좀 해도 죄책감에 덜 시달릴 테니까.

산만한 사람은 일이 엉켜버리면 빠르게 포기하려는 경향이 있다. 특히 원치 않는 일을 하면 부정적인 생각에 가속이 붙는다. 빨리 이 상황에서 벗어나 가슴 뛰게 할 새로운 일을 하고 싶어진다. 공부는 막히거나 안 풀리는 경우가 훨씬 흔하다. 산만한 수험생에게 학습 효율이 그 누구보다, 그 무엇보다 중요한 이유이다. 적어도 중간에 포기하지 않기 위해서는 일이, 공부가 잘 풀리고 있다고 자주 느낄 수 있어야 한다.

자, 지금부터 효율적으로 공부할 수 있는 세 가지 방법을 알아보자.

기출문제 정복하기

국가고시 검토위원으로 5일 동안 경기도 과천에 있는 국가고시센터에서 합숙한 적이 있다. 그때 다시 한번 확신하게 된 사실이 있다. 모든 시험문제는 기출문제에서 크게 벗어나지 않는다는 점이다.

수험생은 출제자가 지엽적인 내용을 출제해 시험을 어렵게 만들 거라 지레짐작한다. 그래서 이 책 저 책 버리지 못하고 온갖 내용을 공부하게 된다. 그러나 출제자는 '특이한 문제를 출제하기'보다 '출제 오류 피하기'를 더욱 신경 쓴다. 주어진 기간 안에 출제해야 하니 모험할 수가 없어서 결국 정해진 범위 안에서 검증된 문제를 출제할 수밖에 없다. 그 범위를 정하는 것이 기출문제이다.

수많은 시험을 치르며 기출문제가 중요하다는 말을 귀가 따갑

도록 들었다. 하지만 그 진짜 의미를 비교적 최근에야 깨달았다. 시험을 준비할 시간이 얼마 안 남았다는 생각이 들어서 10년 치 기출문제를 여러 번 들여다보았는데 전에 지나쳤던 것들이 보였다. 3~6년을 주기로 중요한 문제는 살짝만 비틀어서 반복 출제되고 있었다. 또한 출제 빈도가 높은 부분이 있고 그렇지 않은 부분이 있다는 것도 알게 되었다. 이를 교과서에 표시하고 그것들 위주로 공부하니 확실히 학습 효율이 올랐다.

짧게 여러 번 보기

건축 과정 중에 '양생養生'이라는 단계가 있다. 가끔 길을 지나다니다 보면 마르지 않은 콘크리트 주변에 접근 금지 테이프가 붙어있는 곳을 발견할 수 있다. 양생 중이기 때문이다. 양생이란 콘크리트가 잘 굳도록 가만히 두는 것이다. 끊임없이 시멘트를 들이붓는다고 콘크리트가 더 단단해지지 않는다. 가만히 바람을 쐬어주는 양생 단계를 거쳐야 콘크리트가 단단하게 굳는다. 공부도 그렇다. 양생이 중요하다.

'잠깐 학습하고 산책하며 공부한 내용 복기하기' '2~3시간 간격으로 공부하는 과목 바꾸기'와 같은 방법으로 공부할 때 틈틈이

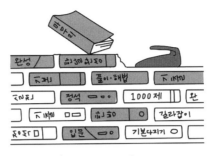

공부할 때도 양생이 중요하다.

쉬는 시간을 두어야 망각하는 부분을 인지할 틈이 생긴다. 그래야 보완할 부분을 찾고 이에 시간을 재투자하면 학습 효율이 올라간다. 새로 입력된 지식과 기존에 저장된 지식은 단기간에 연결되지 않는데, 오랜 시간 한 가지만 몰아쳐서 한 공부는 단기 기억만 활용할 뿐이다. 오래 기억하려면 지식 간 서로 엮이는 시간을 충분히 두는 게 좋다. 약간의 망각과 이를 떠올리기 위한 노력이 반복될수록 기억은 강화되고 지식 간 연결이 촉진된다.

　평소 책도 TV 채널 돌리듯 돌려가며 읽는다. 비 오는 날 당기는 책이 있고, 출근길 지하철에서 읽고 싶은 책이 따로 있다. 한자리에 앉아서도 이 책 봤다가 저 책 봤다가 한다. 하루에 몰아서 읽을 만한 분량이라도 일주일 동안 나눠서 읽고 되새김질해보면 확실하게 각인되는 효과가 있다. 공부도 타이밍과 리듬을 잘 맞춰 하자. 양생이 자연스럽게 이루어지도록.

스스로 테스트하기

꺼내봐라, 인출해봐라, 출력해봐라 그리고 스스로 테스트해봐라. 이 책에서 강조하는 공부법이다. 하지만 '빛 좋은 개살구'라는 생각이 드는 것도 사실이다. 해봐서 아는데, 안 그래도 공부하기 싫어 죽을 것 같은 상황에서 스스로 테스트해보고, 암기한 지식 꺼내보기가 결코 말처럼 쉽지 않기 때문이다.

암기 테크닉의 최고봉은 공부한 내용을 '선생님이 수업하듯 설명해보기'라지만 내가 연기자도 아니고. 웬만해서 실천하기 어려운 일이다. 그렇다고 인출하는 연습을 포기할 수도 없어 난처하다.

공부한 내용을 스스로 테스트할 수 있는 현실적인 방법은 세 가지 정도이다.

첫째, 아무나 붙잡고 질문하기

주변에 공부를 잘하는 친구한테 물어볼 수 있으면 가장 좋다. 단순히 해답을 내는 과정만 배우는 게 아니라 나와 비슷한 처지의 수험생은 어떤 지점에서 힌트를 얻고 어떻게 사고하는지 등을 들으며 자연스레 체화할 수 있기 때문이다.

둘째, '왜'라는 질문을 스스로 끊임없이 던지기

처음 교과서를 읽을 때는 한 줄 읽고 '왜?', 그다음 한 줄 읽고 '왜?'
라고 끊임없이 의문을 품자. 스스로 설명할 수 있거나 이해할 수
있는 수준까지 꾸역꾸역 '왜'라는 질문을 밀고 나가야 한다. 이해
가 전제되어야 암기하는 힘에도 탄력이 붙는데, 그 힘이 일정한 속
도로 확실하게 발휘될 때까지는 자문하는 노력을 멈추지 말아야
한다.

셋째, 테스트할 수밖에 없는 상황을 만들기

선택권이 없는 상황을 별로 좋아하지는 않지만 입력된 지식을 인
출하기 위해서라면 억지로 스터디라도 하면 좋다. 실제로 학원에
다니는 학생 중에는 학원이라도 가야 시험을 보니까 가기 싫어도
간다는 사람이 꽤 많다. 문제 풀이 스터디에 굳이 참여하는 이유도
마찬가지이다. 정 힘들면 그렇게라도 하자. 완벽하게 이해하기 위
해 나를 잠시 억압하는 상황쯤은 감수하자.

TMI 금지

TMI는 'Too Much Information'의 약자로, '너무 많은 정보'라는 뜻의 신조어이다. 수험 기간에 돌입한 순간 우리는 자의든 타의든 정보의 홍수에 노출된다. 수많은 학원과 강의, 온갖 출판사에서 나온 교재들, 요약서를 비롯해 주변의 조언과 합격 수기까지. 정보가 쓰나미처럼 쏟아진다. 넘치는 정보를 향해 조용히 TMI를 외치자.

어떤 수험생은 정보를 하나라도 놓치지 않기 위해 엄청난 시간과 에너지를 쏟아붓는다. 불안하기 때문이다. 이걸 보지 않으면 남들보다 뒤처질 것 같은 불안함. 내가 보지 않은 부분에서 시험문제가 출제될 것 같은 불안함. 아니면 깨달음을 줄 만한 정보가 어딘가 숨겨져 있는데 놓칠 것 같은 불안함. 이런 불안함을 얼마나 느끼는지에 따라 같은 시간을 공부해도 누군가는 쉽게 합격의 문턱을 넘고 누군가는 그렇지 못하게 된다. 처음에는 이 차이가 사소해 보일 수 있다. 하지만 수험 생활이 계속될수록 온갖 자료가 점점 많아지고 시험을 앞두고는 감당할 수 없는 수준에까지 다다른다. 안타깝지만 그때는 이미 늦었다.

'혹시 모른다'는 생각은 인간을 꽤 무모하게 만든다. 할아버지 댁에 가서 밥만 먹고 올 거면서 '혹시 몰라' 책을 세 권이나 챙기고, 지하철로 고작 20분 이동할 건데 '혹시 몰라' 태블릿에 인터넷 강의를 잔뜩 다운받고, 버스에서 책을 보면 멀미하면서도 '혹시 몰라' 영어 단어 책은 도대체 왜 챙기는지.

그래, 쓸데없는 정보를 버려야 한다는 것쯤은 알겠는데 대체 어떤 기준으로 자료를 버려야 할까?

답은 '검색 가능성'에 있다. 필요한 순간에 검색이 불가능한 정보는 불필요한 정보다. 전부 제거하자. 학원에서 나눠준 찌라시들. 혹시 몰라서 버리지 못해 당신의 책장은 물론 책상 밑바닥까지 점령해 발도 못 뻗게 하는 온갖 참고서들. 과연 당신은 어떤 내용이 어떤 자료에 들어있는지 기억하는가? 검색이 안 되는 정보는 먼지와 같다. 떠다니는 정보는 청소하는 편이 낫다.

TMI는 교과서에 밑줄을 그을 때도 적용할 수 있다. 교과서를 읽을 때 당신은 왜 밑줄을 긋는가. 강조하기 위해 긋는 경우가 대부분이겠지만 나는 아니었다. 밑줄 긋지 않은 내용은 다시 보지 않기 위해서였다. 꼭 봐야 할 것과 보지 말아야 할 것을 구분한 뒤 신중하게 밑줄을 그었다. 천 페이지에 달하는 내용을 머릿속에 넣고 답안을 써 내려면 내용의 4분의 1만 밑줄을 긋고, 그중 다시 4분의 1만 동그라미를 친 다음 그 동그라미만 외우는 게 효과적이다. 그렇게 되면 천 페이지에 가까운 분량의 책도 30분 만에 리뷰가 가능해져 시험 전날 준비하기도 훨씬 수월해진다. 공부는 16분의 1(전체 내용 중 4분의 1에 밑줄을 긋고 그 중 4분의 1에 동그라미 친 부분을 보니) 싸움이다. 나머지는 TMI일 뿐.

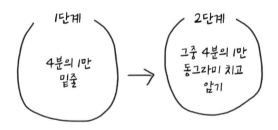

전체 내용의 16분의 1만 공부하는 비법

1단계

4분의 1만 밑줄

2단계

그중 4분의 1만 동그라미 치고 암기

물론, 이런 방법이 통하지 않는 시험도 있다. 내 경험에 비추어 보면, 중·고등학교 내신시험이 그랬다. 교과서에 구멍이 날 만큼 모든 단어에 동그라미를 쳐댔던 기억이 있다. 학교 내신은 빠짐 없이 암기하는 수밖에 달리 방법이 없다.

———

한편 '공부법' 책을 쓰고 있는 사람이 이런 소리를 하는 게 어떻게 들릴지 모르겠는데, 남이 말하는 공부법은 절반만 듣고 절반은 자기 취향대로 하는 것이 중요하다고 생각한다. 과거부터 현재까지 공부법 책이 범람하는 까닭 역시 절대적인 정답이 존재하지 않기 때문 아닐까.

나도 수험생일 때 고시 3관왕 고승덕 변호사가 쓴 책이나 홍정욱 회장이 쓴 《7막 7장》 같은 공부법의 고전부터 최신 합격 수기까지 온갖 공부법을 찾아 읽었다. 하지만 결국은 나에게 맞는 방법을 정립하는 수밖에 없었다. 특히 오래 앉아있지 못하고 두리번거리는 나로서는 내게 최적화된 공부법이 필요했다. 고승덕 변호사처럼 밥 먹는 시간을 줄이기 위해 비빔밥까지 먹어가며 14시간씩 공부하는 것은 죽었다 깨어나도 할 수 없는 일이었으니까.

"학원은 실강으로 들어야 한다."
"아니다, 인강이야말로 학습 시간을 절약하는 방법이다."

"요약서를 보면 공부하는 시간을 단축할 수 있다."
"아니다, 요약서로 하는 공부는 겉핥기식이다."

"서브 노트는 필수다."
"아니다, 서브 노트 만들 시간에 교과서를 한 번 더 읽는 게 낫다."

공부에 관해서는 다들 정말 할 말이 많다. 그래, 너는 그렇게 공부하렴. 나는 내 공부를 하면 되는걸. 공부는 내 식대로 하면 된다. 어차피 이리 깨지고 저리 깨지는 사이 자기 공부법은 진화한다. 남이 하는 말에 자꾸 갈팡질팡하지 말고 속으로 그냥 이렇게 외치자. 'TMI!'

선생님은
조연일 뿐

대학교 신입생 때, 과외를 많이 했다. 학생들보다 정작 내 실력이 쑥쑥 오르는 게 느껴졌다. 어떨 땐 혼자 원리를 깨치고 신이 나서 쉬지 않고 떠들었던 기억도 난다. 학창 시절에 누군가를 가르치듯 공부했다면 성적은 더 쉽게, 더 많이 올랐겠다는 후회도 든다. 어쩌면 오늘도 당신은 학교 선생님, 학원 선생님, 과외 선생님의 공부를 돕고 있을지 모른다. 나처럼 후회하는 일이 없으면 좋겠다.

자, 여기까지만 쓰면 벌써 오해할 독자가 생길 것 같다. "수업 무용론을 말하려는 모양이군" "남들 다 다니는 학원을 어떻게 안 다닐 수가 있어?" 등등. 수업 무용론을 말하려는 것이 아니다. 나도 학창 시절에는 과외를 받았다. 인터넷 강의도 자주 찾아 들었다. 전 공과목은 용어도 생소하고, 공부량은 방대해서 어느 정도는 수업을 활용할 수밖에 없었다. 옆자리에 앉아 수업을 듣는 친구의 눈빛을 볼 때마다 수업이라는 대열에 동참하지 않으면 낙오될 것 같다는 느낌에 불안했다. 그러나 수업이 해줄 수 있는 것과 해줄 수 없는 것을 명확히 구분해야 한다.

'강의를 듣는 것'과 '지식을 습득하는 것'의 차이를 먼저 알아야 한다. 이 두 가지의 차이점이 무엇인지 알기 쉽게 설명하기 위해 나와 아내의 소소한 취미를 소개하고자 한다. 요즘 우리는 퇴근하고 잠들기 전 침대에 누워 각자 스마트폰으로 영상 보는 것을 하루의 낙으로 삼는다. 아내는 뷰티 유튜버의 영상, 나는 프로야구 하이라이트 영상과 야구 강습 영상을 즐겨 본다. 어떤 날은 자려고 누웠다가 30분 넘게 영상 보는 데 시간을 허비하기도 한다. 하지만 아내의 화장술에는 큰 발전이 없고(아내가 인정하는 바이니) 나는 여전히 헛스윙만 한다. 강의를 듣는다고 해서 반드시 지식을 습득하는 것은 확실히 아닌 모양이다.

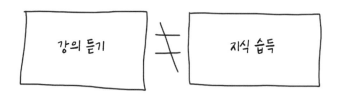

앉아서 수업을 듣다 보면 그 내용을 전부 알게 된 것 같은 느낌을 받는다. 어려운 내용이나 개념도 선생님이 쉽게 설명하면 그 개념을 다 이해했다는 착각에 빠진다. 자신의 능력을 과대평가하는 사이 정작 해야 할 공부는 놓치고 만다.

"그래서 수업을 들으라는 겁니까? 말라는 겁니까?"라고 묻는다면, "수업을 소중히 여기지만 누구보다도 수업을 덜 필요로 하는 사람이 되자"고 말하고 싶다. 만일 당장 내일부터 세상의 모든 학원이 문을 닫고 과외가 전면 금지되며 학교에서도 모든 시간을 자율 학습으로 바꾸더라도 수험 생활을 꾸려갈 수 있어야 한다. 스스로 공부하는 습관을 들이기 위해 고민하고 노력하는 사람이라면 적어도 '패키지 강의 20퍼센트 할인' '평생 프리패스 수강권' '인강 특가 판매 마감' '친구 추천 시 ○○만 원 할인'과 같은 광고에 현혹되지는 않을 것이다. 마치 마트에서 1+1 상품 구입하듯 수업을 찾아 듣지 말자. 제대로 듣는 수업은 두 배의 학습 효과를 주지만 그게 아니라면 두 배로 시간을 낭비하게 될 테니.

전적으로 수업에 의존하는 것이 문제인 수험생이 있다면, 강의실에 5분조차 앉아있기 힘들어하는 수험생도 있을 것이다. 특히 산만한 사람 중에는 '수업을 듣긴 해야 하는데, 강의실 의자에 앉아있기가 너무 힘들어요'라고 말하는 사람도 있다. 내가 그랬다.

정해진 수업 시간에 맞춰 강의실로 향하고, 수업이 끝나면 학원을 나서는 생활을 반복하다보면 내가 그저 하나의 상품처럼 소비되는 기분마저 들었다. 특히 아침부터 저녁까지 여러 수업을 들으며 정보를 억지로 입력하다보면 '공부하는 나'는 사라지는 느낌이었다.

오직 남들이 수업을 듣는다는 이유로 나 역시 하루의 절반을 수업 듣는 데 투자할 필요가 없다는 생각이 들었다. 더욱이 수동적으로 수업을 들을 때 잡념이 더 많아지고 집중도 잘 안 됐다. 누군가에겐 수업 듣기 싫어하는 산만한 학생의 핑계 정도로 들릴 수도 있지만, 꼭 그렇진 않다고 말하고 싶다. 남들만큼 수업에 집중하지 못하거나 간혹 땡땡이를 쳐서 날린 공부 시간은 언젠가 갚아야 하는 빚이라고 생각했기 때문이다. 빚을 갚는다는 마음으로 혼자 있을 때 더 열심히 공부할 수 있었다.

고등학교 3학년 내신 성적표에 '가'가 찍혀있거나, 4.5점 만점에 3점을 간신히 넘긴 대학교 졸업 학점을 봤을 때 나는 수업 듣기를 좋아하지 않았던 것 같다. 출제자인 선생님 말씀을 놓쳤으니 학교 시험을 잘 보기는 어려웠다. 산만한 수험생은 억지로 수업을 들으며 괜히 코르티솔*이나 분비하지 말고, 자율적으로 학습할 방법을 부단히 노력해서 찾으라고 말하고 싶다. 기본적인 개념을 이해할 때까지만 수업을 활용하고 가급적 혼자 공부하는 시간을 확보하는 것이다. 그편이 더 좋은 결과를 만들어낼 수도 있다.

다만, 인강을 활용하고 싶다면 다음과 같은 방법은 어떨까? 고등학생 때 인강 사이트를 돌아다니며 유명 강사들의 맛보기 강의만 찾아보는 친구가 있었다. 맛보기 강의에는 유용한 정보가 많다고 했다. 그 친구가 인강에서 가장 유용했던 부분은 과목을 개괄적으로 설명해주는 부분이었다고 한다. 그는 자신이 알고 있던 내용과 인강에서 과목 전반을 설명해주는 부분을 비교해보며 자신에게 부족한 부분을 보충하며 더욱 탄탄하게 공부했다. 인터넷 강의를 주도적으로 활용하는 유용한 방법이라고 생각한다. 내 공부는 결국 내가 해야 한다.

• —— 산만한 사람들은 원치 않는 일을 하며 스트레스를 받을 때 만성피로 및 우울증의 원인이 되는 코르티솔이란 물질이 차분한 사람들보다 더 빠르게 분비된다고 한다.

수험생 때 자주 하던
상상 모음

1. 만점, 수석!

수능이라면 '만점'을, 고시라면 '수석'을 하는 꿈. 그래서 인터뷰를 하고 부모님은 내 인터뷰 기사를 친척들과 동네 사람들 앞에서 자랑하고 내 이름 석 자가 크게 적힌 현수막이 동네 입구에 걸리는 상상.

현실 속 나는 합격을 위해 한 문제라도 더 맞히기를 간절하게 바라고, 실제 모의고사 성적은 언제나 커트라인 주변에서 움찔거렸지만, 만점을 상상하는 일은 수험 생활을 지속하는 데 힘이 됐다. 혹시 만점을 받을 수도 있으니 수험 생활을 하루하루 모으는 기분으로 공부했다.

2. 짝사랑했던 그 사람

영화나 드라마를 너무 많이 본 탓일까. 왜 꼭 주인공들은 서울대 학생이 되어 학창 시절 짝사랑했던 친구를 찾는 것인지. 왜 가난했던 고시생이 갑자기 사법고시에 합격해 검사가 되어 헤어졌던 연인 앞에 당당히 등장하는지. 어떤 옷을 입고 어떤 외모로 등장하는지도 중요하고, 어떤 타이밍에 등장하는지도 중요할 것 같았다.

아무튼, 성공한 내가 짝사랑했던 그 사람 앞에 '짠' 하고 나타나는 모습을 상상하며 혼자 킥킥댈 때 시간은 잘 갔다. 덕분에 가끔은 책상 앞에 오래 앉아있기도 했다. 언젠가 그런 뿌듯한 순간이 찾아오길 상상하면서.

3. 서른이 되면

서른이 되면 방 네 개짜리 아파트에 살면서 멋진 차를 끌고, 적어도 일 년에 한두 번은 유럽 여행을 갈 줄 알았다. 좋은 대학에 입학하고 취업을 해도 월급쟁이를 벗어나기 어려운 현실이지만 아무튼 그런 뻔한 상상을 자주 했다.

왜 공부를 잘하면 휘황찬란한 삶을 살 거라 생각했는지, 그 이유는 아직도 모르겠다. 그럼에도 불구하고 어려운 시간을 견디게 하는 건 근심이 아니라 흥겨운 상상임을 믿는다. 아무리 허황된 것이라도 말이다.

공부하고 싶었던 적은 한순간도 없었다. 하지만 공부할
수밖에 없는 상황을 만든 적은 있다. 졸리고 귀찮고 짜증이
나도 공부하게 되는 '아까움 사이클'을 소개한다.

5

산만해도
공부하게
되는 비법

잡생각만 나고
공부는 하기 싫고

생각이 너무 많아서 탈이다. 머릿속은 언제나 뒤죽박죽이다. 전 세계를 방방곡곡 누비는 영웅이 되었다가, 드라마 속 비운의 주인공이 되기도 했다. 이뿐만이 아니었다. 어제저녁에 친구와 나눈 대화를 곱씹어보고, 오늘 점심 메뉴를 미리 골라보는 등 온갖 생각이 끊이질 않았다. 산만해서 생각이 많은 건지 잡생각이 많아 이토록 산만한지 아직도 모르겠다. 분명한 것은 잡생각이 책상 앞에 앉으면 절정을 이룬다는 것. 책상 앞만큼 공상이 창의적으로 펼쳐지는 장소도 없다. 번뜩이는 아이디어가 필요한 사람은 일단 독서실 책상 앞에 앉아 아무 책이나 펴놓고 10분만 기다려보시길. 온갖 영감이 떠오를 것이다.

그 와중에 신기한 일이 하나 있었다. 책상 앞에 앉아 생각이 꼬리에 꼬리를 물다 보면 항상 같은 종착역에서 엇비슷한 질문과

대면한다는 것이다. 나를 초라하게 만드는, 딴 세상으로 도망치고 싶어지는, 당장이라도 펜을 집어 던지고 싶게 만드는 질문 말이다.

'이게 정말 네가 하고 싶은 일이야?'

그럴 리가 없지 않은가. 세상에 공부가 즐거운 사람이 있을 리가. 심지어 이 질문은 그 너머를 겨냥할 때도 있었다. 그래, 합격했다 치자, 월급쟁이가 꿈이야? 좋은 대학을 갔다 치자, 그저 그런 문과생이 되는 게 네 꿈이야? 비수가 '파팟' 하고 꽂혔다. 더 비참해졌다. 물론 좋은 대학에 입학하는 것도, 취업하는 것도 결코 쉽지 않다는 걸 잘 안다. 나도 그랬고 지금 누군가에게도 간절한 꿈이자 희망일지 모른다. 그렇지만 현실적으로 쉽지 않은 일이라고 해서 궁극적인 꿈이 될 수는 없었다. 적어도 내겐 그랬다.

창작하거나, 그럴 능력이 없다면 적어도 '내 일'이라고 부를 만한 일을 하고 싶었다. 뚜렷이 뭘 좋아한다고 말할 수 없더라도 내 의지가 온전히 반영된 그런 일이 있지 않을까? 은밀하고도 강력하게 나를 끌어당기는 것들. 시험공부는 절대로 그런 부류에 속하지 않았다. 피할 수 없으면 즐기라고? 이 시기를 버텨볼 뿐이지, 적어도 즐길 수는 없었다.

공부만 아니면 뭐든 즐겁게 할 수 있을 것 같다는 생각까지 들기도 했다. 공부만 해야 하는 수험생이 공부 말고 뭐든 할 수 있겠다니, 철이 없는 건지. "이렇게 말하는 당신도 결국은 참고 견디지 않았습니까!"라고 지적하는 독자가 있을지 모른다. "안 한다고 딱히 방법이 있는 것도 아니잖습니까"라는 답은 무책임하다는 생각이 든다. 그렇게 답할 거였다면 책을 쓰지도 않았을 것이다.

———

생각이 좀 많은 게 어때서. 죄도 아닌데. 여태 죄지은 사람처럼 얘기했던 것 같다. 너무 걱정하지는 마시라. 결국에는 산만한 우리 자신을 인정하고 받아들일 테니. 삶의 일부 아닐까, 라고 말이다.

'산만함'에도 장점이 있다고 생각한다. 생각이 많은 것은 여러 정보를 효율적으로 처리해야 가능한 일이다. 다시 말해 '정보 처리에 필요한 에너지를 효율적으로 쓰는 법'을 당신은 무의식적으로든 의식적으로든 이미 알고 있다. 공부에 잘만 활용하면 큰 도움이 될 수 있다. 공부도 결국 많은 양의 지식을 짧은 시간에 처리하는 것이니까. 자신감을 가지시길!

이번 장에서 어떤 방법으로 동기부여를 했고, 어떤 마음으로 수험 생활을 견뎠는지 최대한 솔직하고 구체적으로 써볼 생각이다. 대단한 비결은 아닐지 모른다. 다만, 우리 모두 아는 것이라도 글로 한 번 더 표현하면 '나와 비슷한 사람이 있구나'라며 공감과 응원이 될 거라고 기대한다. 이 책을 읽은 당신이 한 번 더 의지를 확인하고 힘낼 수 있기를.

화이트 셔츠를 입고 출근하는 직장인이라면 옷깃에 검은 때가 묻을 수밖에 없다. 집에 돌아가 세탁기에 셔츠를 넣고 돌리면 그만이다. 구두를 신고 출근하는 직장인이라면 구두 굽이 닳거나 빠질 수 있다. 역시 구두 굽을 갈아버리면 그만이다. 매일 책상 앞에 앉아서 머리를 써야 하는 수험생이라면 잡생각에 시달릴 수밖에 없다. 그럴 때는 집에 돌아와 자거나 동네 한 바퀴 산책하고 오면 그만이다. 가끔은 이런 가벼운 기분으로 공부에 임해보면 어떨까.

매일 아침 7시에는
책상 앞에

산만한 사람들은 의미를 찾겠다며 여기저기 기웃거리느라 관심사가 쉽게 바뀐다. 그토록 찾으려던 의미를 발견하면 다행인데 그러지 못할 경우 상당히 허탈해지는 게 문제다. 우리가 알아야 할 것은 그 어느 곳에도 완벽한 행복이나 만족은 없다는 현실이다. 수험생 신분을 탈출한다고 해서 바로 이데아가 펼쳐지지는 않는다. 허무주의? 아니다. 현실을 깨닫고 얼마간의 허무를 이겨내는 삶의 요령을 갖춰야 수험 기간에 지치거나 실망하지 않고 이 시기를 견딜 수 있다.

작가 무라카미 하루키는 매일 아침 1시간씩 달리기를 하고 오전에만 글을 썼다. 사람들은 그가 온종일 글만 쓸 거라고 생각한다. 하지만 그는 하루에 원고지 이십 매 분량의 글만 썼다. 오전 시간을 넘기지도 않았다. 소설가 베르나르 베르베르 역시 매일 오전 열

쪽 분량의 글을 쓰고 오후부터는 사람을 만나는 등 다른 활동을 했다. 무라카미 하루키와 베르나르 베르베르. 그들은 적당히 그리고 일정하게 반복하는 패턴을 지키는 데 애썼다. 지루한 일상을 극복하고 집필할 때 '효율성'과 '지속성'을 발휘한 데에는 그들만의 '루틴'이 존재하기 때문이었으리라.

수험 생활에 돌입하며 나 자신과 한 가지 약속을 했다. 매일 아침 7시엔 책상 앞에 앉아있기로. 그 한 가지만큼은 반드시 지키려 노력했다. 수험생이 몇 시에 공부를 시작하겠다는 단 한 가지 일조차 해내지 못할 바엔 수험 생활을 안 하는 편이 낫겠다는 판단이 섰다. 그것 말고는 몇 시간 앉아서 공부하든 스마트폰을 만지든 가끔 친구를 만나든 신경 쓰지 않았다.

매일 아침 7시까지 책상 앞에 앉기 위해 견뎌야 하는 수고로움에는 어떤 것이 있을까. 보통은 아침 6시에 일어나 씻고 집을 나서야 했다. 독서실은 버스로 15분 거리에 있었다. 침대를 벗어나 버스를 타고 정류장에서 내려 독서실을 향해 걷는 길은 매번 고난의 행군이었다. 짜증이 날 정도의 피곤함과 가끔은 세상에 대한 싸구려 증오가 함께하는 길. 사이드브레이크를 채운 차처럼 독서실 앞 언덕에서 한 발 한 발 무거운 발걸음을 겨우 옮겼다. 수험생의 일과를 통틀어 이불에서부터 책상 앞까지 가는 게 가장 어려운 일이었다.

일단 자리에 앉고 나면 딴짓을 별로 하지 않았다. 딴짓하기에는 그날 아침 견뎌낸 고난의 행군이 미치도록 아까웠기 때문이다. '아까워서' 공부를 좀 하고 나면, 다시 공부한 시간이 '아까워' 공부를 더 하게 됐다. 하루를 만족스럽게 보낸 날은 그 하루 끝을 마구 보내기 '아까워' 일찍 잠을 청했다. 내일 아침 일찍 일어나 다시 그런 하루를 만들고 싶어졌으니까. 선순환이었다. 어쩌다 아침 7시에 책상 앞에 앉지 못하면 이미 망친 거 계속 망치자는 생각에 하루 전체를 날린 적도 있지만 막상 그런 날은 별로 없었다. 단 한 가지 약속을 지켰을 뿐인데 수험 생활은 저절로 굴러갔다. 아침 7시에 책상 앞에 앉는 그 순간만큼은 내가 내 삶의 주인이 되었다는 기분을 느낄 수 있었다.

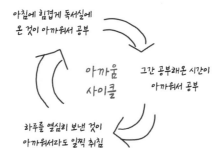

나와의 사소한 약속만 지켜도 하루가 제대로 굴러간다는 것에 나 스스로도 놀랐다. 지극히 산만해서 꾸준함의 영역에서는 젬병인 내게는 기적처럼 느껴졌다. '희한하네'라고 생각하다가도 한편으로

는 '희한해할 일도 아닌가?'라며 갸웃거리다 수험 생활이 지나갔다.

'아깝다'는 생각에서부터 시작되는 선순환은 산만한 사람이라면 영락없이 느끼는 호기심을 적극 활용할 때 가능하다고 생각한다. 조금씩 시간을 늘려가면서 나의 한계와 능력을 더 자세히 알고 싶은 마음과, 잠재력을 끄집어내 어디까지 가능한지 최대한 실험해보고 싶은 호기심!

침대 정돈으로 하루를 시작하라고 했던 전 미 합동특수전사령관이자 미국인의 영웅인 윌리엄 맥레이븐^{William McRaven}의 말을 들어보자.

> "매일 아침 침대를 정돈하면 그날의 첫 번째 과업을 완수한 것입니다. 이때 여러분은 작은 자부심을 느낄 수 있습니다. 다음 과업, 또 다른 과업, 또 다른 과업을 수행할 용기도 생길 것입니다. 마침내 하루의 끝에는 당신이 완수한 과업의 수가 상당할 것입니다."

남은 수험 생활에 산만함, 아니 호기심을 발휘해보자. 당신 안에는 아직 당신조차 경험하지 못한 가능성이 꺼내지기만을 기다리고 있을지 모른다. 그리고 단조로운 일상을 이겨낼 루틴을 하나쯤 갖춰보자. 일단 루틴을 찾으면, 그 뒤는 어떻게든 풀려나간다. 미국인의 영웅조차 침대 정돈으로 하루를 시작한다고 했으니.

그래도 힘들 때,
공부하고 싶어지는 방법 네 가지

《나는 고작 한번 해봤을 뿐이다》의 저자 김민태 PD는 사소한 실천의 중요성을 강조했다. 저자는 조직 이론의 대가 칼 와익^{Karl} ^{Weick} 미시간대 교수의 '작은 승리 전략^{Small Wins Strategy}'을 소개하며 다음과 같은 메시지를 전한다.

어떤 문제를 어렵게 인식할수록 인간의 무력감과 불안감은 가중된다. 결국 문제에 압도되어 아무 일도 시도하지 못하게 된다. 목표를 수월하게 달성하는 가장 좋은 방법은 일을 잘게 쪼개 작은 일부터 시작하는 것이다.

수험 기간에 낮아진 열등감이나 자존감, 불안함을 극복하는 방법 역시 작은 성공을 쌓아 올리는 수밖에 없다. 당장 할 수 있는 활동을 먼저 완수하자.

활동 1. 딱 5분만 미친 듯이 무언가 해내기

영화를 보는 것조차 지루하게 느껴질 때가 있다. 〈아이언맨〉 시리즈처럼 정신을 쏙 빠지게 하는 영화가 아닌 이상 2시간 동안 어둡고 꽉 막힌 공간에서 화면을 멍하니 바라보는 일마저 힘겹다. 그러니 웬만해서는 무언가를 시도할 때 1시간 이상 걸릴 것 같으면 진작에 포기하고 만다. 무언가를 시작하지도 못하는 경우가 부지기수였다.

그래서일까. 책상 앞에 앉아 공부하기 위해 준비하는 시간이 참 오래 걸렸다. 활주로가 무척 길었던 것 같다. 시동을 걸고 활주로를 달려 이륙하기까지 여러 번 머뭇거렸다. '자, 공부해보자'라고 마음먹고 재촉해도 머리는 여전히 딴생각을 했다. 적어도 1시간은 공부해야 한다는 생각에 시작 자체를 회피했다.

시작조차 어려운 지경에 이르자 마음을 바꿔보았다. 공부도 무조건 '5분만' 해보기로 한 것이다. 5분 정도는 할 수 있었다. '5분만 해도 좋으니까 일단 시작이라도 해보자'고 마음먹었다. 그러자

활주로가 짧아지고 일단 공중에 뜨기 시작했다. 일단 '떴다'는 자체가 굉장히 중요하다. 막상 뜨고 나면 컨디션에 따라 더 멀리 비행하는 경우도 생겼기 때문이다. 5분만 해보자고 앉았는데 50분씩 공부하기도 했다. 물론 그런 행동을 습관화하기까지 연습하고 단련하는 과정이 필요했다. 하지만 점차 익숙해졌고 수험 생활에 큰 도움이 됐다. 부작용이라면, 실제로 5분만 공부하는 경우도 종종 생겼다는 정도.

활동 2. 작은 모험으로 기분 전환하기

나는 행정학을 전공했다. 어느 시점이 지나니 더는 전공 공부가 하고 싶지 않았다. 그래서 이공계 쪽 시험을 쳤다. 기술직 시험을 봤더니 "왜 행정직보다 대우 못 받는 기술직 시험을 봤어요?"라고 묻는 사람들이 실제로 꽤 많았다. "요즘 같은 세상에 불안해서 어떻게 한 우물만 파요?"라고 되묻기도 뭐하고, "새로운 과목을 공부해 설레고 싶었어요"라고 말하기도 그래서 "그냥요"라고 얼버무린다. 이 페이지를 빌려 제대로 답해본다면, '이것도 할 수 있구나'라는 성취감에 또 다른 나를 발견하고 싶었다. 한계를 벗어나 뭐든 시도해볼 수 있을 것 같은 느낌이 좋았으니까.

그저 생각만 했을 뿐인데 마음이 달뜨는 것들이 있다. 뭔가 대단한 경험일 필요는 없다. 안 먹어본 것을 먹기 위해 맛집을 찾아나서는 순간, 주말에 갑자기 떠나기 위해 기차표를 끊는 순간, 제빵이나 플라워 클래스처럼 평소에 접하기 힘든 취미에 하나쯤 도전하는 순간. 작은 모험들이 지친 일상을 견딜 수 있는 힘을 준다. 수험생이라도 그런 순간을 모아 긴 시간을 덜 부담스럽게 만들 수 있지 않을까.

활동 3. 나의 성취에 애정과 관심 주기

우리는 실수하거나 실패한 일은 기가 막히게 기억하면서 성취한 경험은 쉽게 잊는 경향이 있다. 심리학에서는 이를 가리켜 부정편향negativity bias이라고 한다. 좋은 일보다는 나쁜 일을 더 잘 기억하는 것이다. 생존하기 위해 위험을 주시하도록 진화해왔기 때문에 부정적 편향은 본성에 가깝다고 볼 수 있다. 하지만 본인의 성취를 평가절하하고 단점에만 집중하니 기분이 쉽게 나빠지고 성과에 감사하지 못하게 된다. 일을 지속할 힘은 점점 떨어진다.

성취를 인식하는 방법부터 바꿔야 한다. 다른 사람의 반응이나 평가보다 내가 한 행위 그 자체에 집중하는 것이다. 예를 들어

취업 준비생이 원서를 넣고 서류전형에 합격했을 때 '그 회사가 서류는 합격시켜줬다'고 생각할 게 아니라 '내가 그 회사에 서류를 넣었고 합격했다'고, 나를 주체로 인식해 생각하는 편이 낫다. 행위의 중심을 나에게 두어야 작은 성취라도 비로소 진정한 성취로 느껴 다시 도전할 힘을 얻기 때문이다.

활동 4. 좋은 사람 만나기

사람마다 고유의 기운이 있다고 믿는다. 그 기운은 사람에게서 사람으로 잘 옮겨가는 것 같다. 그러니까 실패와 좌절의 기운이 먹구름처럼 드리울 때 동경하는 사람, 좋아하는 사람 혹은 신뢰하는 사람을 만나면 밝은 기운을 얻을 수 있다고 생각한다.

수험 생활을 하다 보면 '연애는 해도 될까' '수험생인데 결혼식에 가도 될까?'와 같은 문제를 두고 자주 고민하게 된다. 나는 '내가 만나는 사람에게는 좋은 기운이 있다'고 믿고 있었던지라 그렇게 주저하지 않았다. 평일에 갑작스러운 만남과 같이 수험 생활을 심각하게 방해할 정도의 일은 물론 피했지만 그 외에는 제한을 두지 않았다. 좋아하는 사람을 만나고 돌아오는 날은 각오랄까, 에너지랄까, 새로운 시각이랄까. 좋은 기운을 받아 앞으로 나아갈 힘을 얻었으니까.

동기부여에 관한,
내가 아는 확실한 비밀

마음속에 간직한 인생의 비밀 하나를 솔직하게 털어놓고자 한다. 그것은 바로,

성공은 '운'이라는 것.

물론 여기에 동의하지 않는 사람도 많을 것이다. 앞에서 1만 시간의 법칙을 이야기하며 노력보다 효율성이 중요하다 해놓고, 다시 또 성공은 운이라니. 노력의 가치를 어디까지 평가절하할 생각인가. 반박하고 싶을 수 있다. 그런 이들에게 다음과 같이 말하고 싶다.

"그건 아닙니다. 노력은 틀림없이 성공의 전제 조건입니다. 다만 나는 운이 더 강력한 기제로 작동한다고 생각할 뿐입니다. 내

이야기를 끝까지 들어주세요."

성공은 기회를 잡았을 때 가능한 일이다. 그런데 그 기회는 예고도 없이 찾아온다. 노력하면 반드시 기회가 온다고 하지만 안타깝게도 현실에는 성실한데 고생하는 사람도 많고, 헐렁하게 사는데 성공한 사람도 많다. 그러고 보면 기회가 내게 올지 안 올지는 신이 아닌 이상 누구도 절대 알 수 없는 노릇 아닌가.

운이 있을지도 없을지도 모르는 상황에서 당신은 미래를 어떻게 설계할 것인가. 나는 '운이 좋으면'이라는 가정만 두고 내 미래를 설계하지 않는다. 오히려 '운이 안 좋으면'이라는 가정에 좀 더 비중을 두고 인생을 설계하는 편이다.

로또를 예로 들어보자. 나는 집 앞에 있는 간이 판매 시설에서 가끔 로또를 산다. 정확히 5,000원어치만 산다. '2등 2번 당첨'이라고 써 붙인 걸 보니 1등이 나온 적 없는 가게 같다. '제가 1등 기록을 남겨드리겠습니다'라는 마음으로 로또를 사는데 당첨되어봤자 최대 5,000원이다. 그러니 전적으로 운에 기대야 하는 로또에 전 재산을 거는 모험을 할 수는 없다. 당첨되지 않아도 상관없는 수준에서 로또를 구매할 뿐이다. 나는 '운이 안 좋으면'이란 가정 아래 인생을 설계하는 사람이니까.

학교조차 다니기 싫었지만 수능을 열심히 준비했던 이유. 옷 장사에 관심을 가졌지만 동대문에서 돌연 공무원 시험에 뛰어든 이유. 그 배경에는 '운이 안 좋으면'이라는 가정이 있었다. 고등학교를 자퇴했다가 '운이 안 좋으면' 어떻게 되는 거지? 사업에 뛰어들었다가 '운이 안 좋으면' 어떻게 되는 거지?

앞서 나는 시험공부 말고 내가 좋아하는 일을 하며 살고 싶다고 했다. 하지만 안타깝게도 내가 하고 싶은 일들은 모두 엄청난 운이 있어야 한다. 김연아 선수나 이승엽 선수 같이 타고난 재능도 없다. 그래서 글을 쓴다거나, 예체능을 한다거나, 수완을 발휘해 사업을 일구는 등 타고난 재능이 절대적인 분야에 인생을 걸 수 없었다. 까보면 아무것도 없는 나였으니까. 그나마 애써서 결과를 만들어낼 수 있는, 상대적으로 공정한 시험에 도전할 수밖에 없었다. 타고난 다른 재능이 없는 내가 어떻게든 노력해서 평범하게 살아남을 수 있는 유일한 방법이었다.

자기 확신이 부족했을 수도 있고, 애초에 공부 말고 별다른 재능이 없었을 수도 있다. 그러나 삶에 최소한의 지지선을 만들어, 운이 안 좋은 상황에서 나를 지키고 싶었다. 나를 걱정하는 사람들을 불안에 떨게 할 배짱도 솔직히 없었다. 복권에 당첨되지 않았을 때를 대비했다. 그것이 썩 나쁘지만도 않았다. 지나고 보니 그렇게 만든 지지선이 '내가 이 정도는 할 수 있다'는 자신감을 만들어줬고, '운이 좋으면'이란 가정의 불씨도 완전히 꺼트리지 않아서 좋았다. 지금 어쨌든 쓰고 싶던 글도 쓰고 있으니까.

고백건대 난 여전히 행운을 진심으로 소원한다. 매주 금요일 저녁, 퇴근길에 꼬박꼬박 5,000원을 내고 로또를 사듯 매일 작은 일부터 실천하며 운을 기다린다. 기회는 내 몫이 아니므로 행운을 위해 5,000원어치 '준비'하기. 산만한 내가 지겨운 수험 생활을 참고 견딘 유일한 이유였다.

시험장의 좌석 배치, 책상과 의자 높이, 화장실 문제, 옆에서
다리 떠는 사람까지. 시험 날엔 신경 쓰이는 일이 너무 많다.
한 치의 오차도 허용할 수 없는 이 중요한 날, 써먹기 괜찮은
기술들을 은밀하게 나누고자 한다.

6

시험 당일, 유독 긴장하는 당신에게

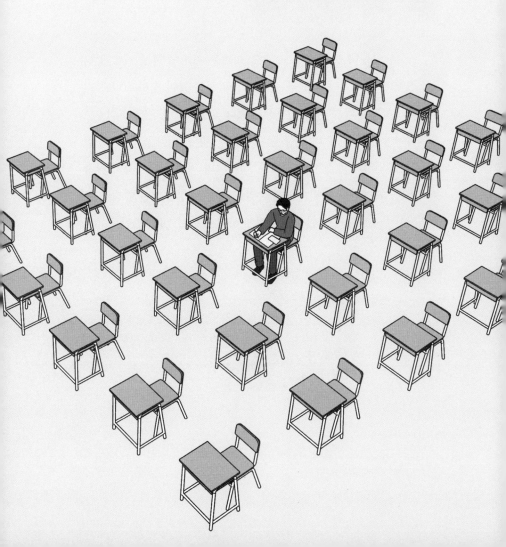

"아는데 틀렸다"는 말은
이제 그만

　"나 아는데 틀렸어"라고 말할 기회는 이미 중학생 시절에 다 소진해버린 것 같다. 아는데 틀렸다고 말하는 것이 오히려 나를 더 초라하게 만든다는 생각이 점점 들었다. 그 뒤에 따라오는 "실수도 실력이야"라는 말도 더 이상 듣기 싫었다. '뭔 소리야, 실수가 왜 실력이야' 인정하고 싶지도 않았다. 실수와의 전쟁을 선포하지 않을 수 없는 처지였다. 막막하고 힘들었다. 몰라서 틀렸다면 열심히 공부해서 해결한다지만 실수는 어떻게 하지 않을 수 있단 말인가.

'적절한 것을 골라야 하는데
적절하지 않은 것을 고른 경우'

'보기 ㄴ, ㄷ을 애써 고르고
막상 답은 ㄴ, ㄷ, ㄹ에 체크한 경우'

'삼각형 넓이를 구하면서 마지막에
2분의 1을 곱하지 않은 경우'

어디까지 실수라고 정의하는지는 개인마다 다를 것이다. 시험이 끝나고 해답을 봤을 때 '아, 이거였는데, 이런 당연한 걸 생각 못했다니' 하는 생각이 드는 것마저 실수의 범주에 집어넣는다면 암기가 필요 없는 국어 시험의 오답은 전부 실수로 틀린 셈이 된다. 시간에 쫓기더라도 조금 천천히 문제를 풀고 귀찮더라도 풀었던 문제를 다시 한번 찬찬히 살펴봐야 한다. 수험생에게는 '꼼꼼함'이 강력한 무기*이다. 실수를 줄여야 합격할 수 있다.

오답 노트는 실수를 줄이는 데 도움이 된다. 단, 틀린 문제를 모두 수집해 오답 노트를 만드는 것은 좋은 방법이 아니다. 틀린 문제를 모은 다음 유형별로 묶어야 한다. 예를 들어, 수학 문제를 풀다 보면 덧셈을 틀리기도 하고, 곱셈 혹은 약분을 틀리는 경우도 있다. 이러한 것들은 '단순 계산 실수'라는 유형으로 분류해 정리하고 시험장에서 사칙연산을 할 때 더 집중하며 신경을 써야 한다. 질문을 엉뚱하게 읽어서 틀린 문제라면 천천히 읽는 습관을 들여야 하고, 문제의 조건을 자꾸 빠트린다면 조건에 표시를 해뒀다가 더블 체크하자.

---

* —— 산만한 사람이라면 꼼꼼하게 문제를 풀기 위해 노력을 두 배로 기울여야 한다.

오답 노트에 틀린 문제를 유형별로 묶어 정리하자.

유형화된 오답 노트를 정리하다 보면 비슷한 실수가 반복되는 것을 발견할 수 있다. 틀린 문제가 수백 개라도 정리하고 보면 결국 10개 안팎의 유형으로 묶이기 마련이다. 자기가 어떤 부분에서 반복적으로 실수하는지 아는 것만으로도 실수로 틀리는 빈도를 많이 줄일 수 있다. 문제를 풀다 '내가 자주 실수하는 부분이었지'라는 생각만 들어도 이미 반쯤 성공이니까.

솔직히 말해 나는 오답 노트파는 아니었다. 시도는 여러 번 했는데 만들다 쉽게 포기했다. 봐야 할 것이 늘어날수록 공부하기가 힘들었기 때문이다. 틀린 문제는 표시만 하고 넘어갔다. 문제집에 직접 답을 달지 않는 대신 오답에 별표를 했다. 한 번 더 틀리면 별표를 한 개 더 그려서, 시험 전에는 별표가 여러 개 달린 문제 위주로 내용을 챙겨 봤다. 계속 틀려서 답답할 땐 문제 옆에 '미친놈아, 이건 계산 실수잖아. 사칙연산도 제대로 못하나? 어휴'라고 써뒀던 기억이 난다. 사실 더 험한 욕을 썼던 것 같은데, 아무튼 욕을 한 번이라도 더 먹고 나면 각성했다.

사람들은 문제를 풀고 나서 검산하라고 하지만, 시험 도중에 다시 보며 실수를 잡겠다는 생각으로 문제를 풀면 오히려 더 쉽게 실수하게 된다. 회사에서도 일하며 느끼는데, 나중에 다시 읽어서 오타를 잡겠다는 생각으로 보고서를 쓰면 오타가 더 빈번하게 생긴다. 게다가 어떤 오타는 프린트까지 해서 읽어도 끝끝내 잡히지 않았다.

시험도 그렇다. 풀고 또 풀어도 끝까지 실수가 보이지 않는 문제들이 있다. 특히 국어 문제는 첫 느낌이 중요할 때가 많다. 오히려 고쳤다가 틀린 적도 여러 번이다. 애초에 처음 풀 때부터 제대로 풀어야 실수를 대폭 줄일 수 있다. 검산할 때는 처음 풀었던 방식 말고 다른 식으로 접근하거나 역순으로 풀이를 살피며 점검하는 것도 요령이다.

문제 풀이는 가능한 한 깔끔하게 써야 실수를 방지하는데 유리하다. 지저분하게 쓰는 습관이 들면 그 지저분한 과정에서 길을 잃을 수 있다. 검산할 때도 지저분하게 쓴 풀이에서는 실수를 발견하기가 쉽지 않다.

시험은 어디까지나 실수와의 정면 대결이다. 나 역시 시간에 쫓겨서 마음이 급해질 때 실수가 유독 잦았다. 어떤 친구들은 2분에 한 문제씩 풀겠다는 계획을 세우고 시험장에서 초시계로 1분 1초를 체크하는데 내게는 도저히 불가능한 일이었다. 몇 분 남았는지 알게 된 순간 나도 모르게 가슴이 벌렁거리고 어떨 땐 손까지 떨어서 시험을 망친 기억이 있다. 특히 긴 지문을 읽고 풀어야 하는 문제에서 그랬다. 쫓기는 마음으로 문제를 풀면 중요한 정보를 자주 놓쳤다.

그래서 그다음부턴 시험이 끝날 때까지 가능한 한 시계를 보지 않았다. 문제를 풀다 '이 문제에선 좀 과도하게 시간을 소모한 것 같은데?'란 느낌이 오면 다음 문제로 넘어가며 시간 관리를 했다. 시험 보는 내내 '시간은 무한대로 주어졌다. 무한대다…'라며 마음속으로 주문을 외웠다. 그렇게 생각하다 보면 어떨 땐 진짜 시간이 늘어나는 것 같았으니까.

마지막으로 실수로 문제를 틀린 후의 마음가짐에 관해 이야기해보려 한다. 실수 때문에 시험을 망치고 나서 '시험 문제가 잘못 출제됐다' '평소 실력 발휘를 못했다' '오늘따라 컨디션이 안 좋았다'라며 현실을 회피하거나 부정하면 실수를 줄이는 데 전혀 도움이 되지 않는다. 실수로 틀렸다는 충격적인 상황을 충격 그 자체로 그냥 받아들이는 편이 좋다. '실수 없이 문제를 풀 수 있을 만큼 충분한 실력을 갖추지 못했다'라고 스스로에게 팩폭(팩트 폭력)을 가하는 게 오히려 낫다. 언제나 문제를 해결하는 실마리는 원인을 직면하는 데서부터 찾을 수 있기 때문이다.

시험 당일,
은밀하고 유용한 꿀팁

여러분 미안. 나도 이런 이야기까지 쓰고 싶지는 않았다. 사짜 냄새 나는 기술 타령. 하지만 어쩔 수 없었다. 수험 기간을 돌이켜 보면 나 역시 어떤 방법을 동원해서라도 한 문제 더 맞혀보려는 간절한 마음이 있었다. 무엇이든 합격에 도움이 된다면 알고 싶은 것이 수험생의 마음 아닌가. 교실에 들어오는 한 줄기 햇살로도 망칠 수 있는 게 시험이다. 한 문제로 시험의 당락이 결정되는 것은 물론이다. 그러니 방어 차원에서 이런 기술도 필요하다고 해두자.

시험장의 좌석 배치, 책상과 의자 높이, 교실 온도, 점심 메뉴, 화장실 문제, 옆에 다리 떠는 사람까지 시험 당일에 신경 써야 할 일이 너무 많다. 자칫 엉뚱한 데서 발목을 잡혔다간 몇 달 혹은 몇 년 동안 공들인 시간이 허공으로 날아간다. 시험 날, 효과적인 나만의 컨디션 조절법이 각자 있기를. 다만 여기서 소개하는 몇 가지

기술이 쫓기는 상황에서 점수 하락을 최소화하는 데 도움이 되면 좋겠다.

객관식 문제에서 제대로 찍기

'찍는다'는 것 자체에 거부감을 느끼는 수험생이 있겠지만 '찍는 것도 실력'이라는 말에 나는 크게 공감한다. 당연히 100퍼센트 확실하게 정답을 찍는 방법은 존재하지 않는다. 하지만 별수 없다며 아무 답이나 찍지 말자. 살면서 터득한 온갖 꼼수란 꼼수는 전부 동원하자. 그중 가장 합리적이고 설득력 있는 방법으로.

상황1. 시험 종료 30초 전, 찍어야만 한다

두 가지 방법이 있다. 첫째, 옳지 않은 것을 찾는 문제는 '반드시~' '~만' '~따라야 한다'와 같이 단정적 문장이 들어간 선지를 찍자. 반대로 옳은 것을 고르는 문제에선 단정적 표현이 없는 문장, 예를 들면 '~될 수 있다' '~ 가능성이 있다'와 같이 여지를 둔 문장을 찍자. 애매모호하게 당신을 속일 확률이 높다.

둘째, 옳지 않은 것을 고르는 문제에서 문장의 길이가 가장 긴 선택지를 찍는 것도 한 방법이다(장난처럼 들리겠지만). 두 개의 문장이 합쳐져 한 문장에 두 가지 내용이 포함되어있다면, 두 문장 중 하나가 틀린 사실일 확률 역시 꽤 높다.

상황2. 보기를 전부 확인하기에는 시간이 없다

보기 ㄱ, ㄴ, ㄷ, ㄹ의 진위 여부를 판명해야 하는 문제가 있고, 답지 구성이 다음과 같다고 하자.

①ㄱ,ㄴ ②ㄱ,ㄷ ③ㄷ,ㄹ ④ㄱ,ㄷ,ㄹ ⑤ㄴ,ㄷ,ㄹ

이 경우에는 ②번 아니면 ④번이 답일 확률이 절반 이상이다. 출제자는 수험생이 가능한 한 많은 보기를 보고 답을 고르기 원한다. ㄱ, ㄴ, ㄷ, ㄹ 순서로 보기가 있을 때 대부분 수험생이 ㄱ부터 진위 여부를 확인한다고 가정해 문제를 출제한다. 만약 ㄱ이 답이 아니라면 수험생은 ③번과 ⑤번 중에 고르게 된다. 그 결과 ㄴ만 확인하고도 답을 찾을 수 있게 된다. 대체로 보기 두 개만 확인해서 답을 고를 수 있도록 문제를 출제하지는 않는다.

따라서 답은 ㄱ을 포함할 확률이 높다. ①번 역시 ㄱ, ㄴ 두 개의 보기만 확인하면 되니 아마 ㄷ이 포함된 ②번 혹은 ④번 중에 답이 있을 확률이 높다. 그러므로 찍더라도 ②와 ④ 둘 중 하나를 찍어야 한다. 급할 땐 ㄱ, ㄴ, ㄷ, ㄹ 전부 확인하는 대신 ㄹ만 확인한 다음 ②번과 ④번 중에 찍으면 된다. 정답을 맞힐 확률이 대단히 높은 방법이다.

상황3. 시험 종료 직전 단 한 문제만 찍으면 된다

푼 문제들은 거의 맞혔다는 가정하에, 답의 개수를 세어보고 가장 적게 나온 번호를 답으로 찍자. 출제자는 정답인 번호가 골고루 나오도록 출제할 수밖에 없다. 한 번호로 다 찍었는데 절반이나 맞히는 학생이 나오면 안 되니까.

예쁘게 써서 나쁠 이유가 단 하나도 없다, 글씨

서술형 시험에서 글씨는 잘 쓸수록 좋은 결과를 얻는 데 유리하다. "글씨를 예쁘게 쓸 필요 없다"라고 말하는 사람이 있다면 미안하지만 본인의 글씨가 엉망이라 합리화하려고 꾸며낸 말에 불과할 것이다.

글씨체를 바꿀 수 없다고 좌절하지는 않아도 된다. 의식적으로 ㅇ, ㅁ과 같은 자음들만 크게 써도 가독성이 확 올라간다. 실제로 모음을 길게 쓰며 글씨체에 허세를 담았던 나는 시험을 준비하며 남이 읽기 쉬운 글씨체로 바꿨다. 자음을 크게 쓰는 연습을 했다. 의외로 글씨체가 빠르게 바뀌었다.

글씨는 답안의 첫인상이다. 사람을 만날 때 첫인상이 중요한 만큼 답안의 첫인상도 중요할 것이다.

유치해도 급할 때 떠오르는 두문자 암기법

방대한 양을 외우는 시험에서 두문자를 따서 암기하면 효율적으로 외울 수 있다고 생각한다. 기계적으로 앞글자 두 개만 따서 외우는 게 아니다. 두문자는 가능한 한 자기가 잘 기억할 수 있는 글자로 따와야 한다. 두문자만 기억나고 정작 내용은 생각나지 않는 어이없는 경우를 사전에 예방하려면 어쩔 수 없다. 개념과 내용을 이으면서도 두문자 자체도 하나의 의미를 갖도록 연상 기억법의 원리를 활용해야 한다.

사실 두문자 공부법에 거부감이 있었다. 어딘가 얍삽해 보인다고 해야 할까. 하지만 시험장에서 긴장해서 머릿속이 새하얘질 때 오로지 두문자만 떠오르는 경험을 몇 번 하면 가릴 처지가 아니게 된다. 다급하게 기억을 떠올려야 할 때는 쉽게 떠오르는 두문자가 큰 도움이 된다.

든든한 전략 과목 만들기

수험생은 대부분 강점보다 약점에 집중하는 경향이 있다. 나라면 반대로 하겠다. 전체 시험의 평균을 어느 정도 이상 유지하고 시험에 자신감을 가지려면 무엇보다 전략 과목[*]이 필요하기 때문이다. 자신 있는 과목 위주로 공부하고 부족한 과목을 보충하는 식으로 해야 시험 준비가 착착 진행된다. 시험 난이도와 관계없이 '꾸준하게 고득점이 가능한 과목을 보유했는가' 여부는 빠른 합격을 좌우하는 결정적 요인이다.

스포츠팀에서 거액의 연봉을 들여 스타플레이어를 영입하는 데는 이유가 있다. 스타플레이어가 팀에 존재함으로써 팀 전체 분위기가 안정되는 효과가 있기 때문이다. 또한 팀이 슬럼프나 연패에 빠질 때 스타플레이어는 연패를 끊고 흐름을 긍정적으로 바꾸는 결정적 역할을 하는 경우가 많다. 팀에서 에이스는 그래서 중요하다. 판 전체를 바꾸거나 이끌 힘을 발휘하니까.

시험에서도 마찬가지이다. 1교시를 망쳤다고 가정해보자. 못본 시험은 잊고 2교시에 집중하라지만 실제로 그게 말처럼 쉬울

[*] —— 시험에서 가장 자신 있는 과목.

리 없다. 요동치는 마음을 스위치처럼 껐다 켰다 조작할 수 있다면 시험 스트레스에 시달리지도 않을 것이다. 그러나 1교시를 망쳤을 때 2교시에 전략 과목 시험을 본다면 이야기가 조금 달라진다. 2교시에 1교시의 실패를 만회할 수 있다는 자신감이 생긴다. 2교시에 실력을 발휘했다는 생각이 들면 그날 시험의 흐름이 바뀐다. 3교시, 4교시 등 뒤이은 시험을 자신 있게 응시할 수 있게 된다.

전략 과목의 장점은 일상에서 공부 리듬을 잡을 때도 큰 도움이 된다. 누구나 어려운 과목을 공부할 땐 짜증이 난다. 지치고 포기하고 싶다. 그럴 때 자신 있는 과목을 공부해서 분위기를 전환할 수 있다. 아무래도 잘 풀린다는 느낌이 들면 다른 과목을 공부하는 데 힘이 붙는다.

수험생 모드에 돌입했다면 일단 똘똘한 과목 한 놈부터 찾아놓자. 엊그제 신문 1면에 〈다주택자 압박했더니 똘똘한 강남 한 채로 몰린다〉는 기사가 있었다. '강남 한 채' 같은 전략 과목 하나 확보하자. 수험 생활 전체를 똘똘하게 만들어줄 테니.

애정템 만들기

어린 시절 항상 껴안고 자던 수건이 있었다. 그 수건이 없으면 잠을 못 자고 불안해했다. 꽤 늦은 나이까지 품에서 놓지 않았던 그 수건. 어머니가 몰래 빨래라도 하는 날엔 수건 특유의 향이 날 아갔다고 서러워했던 그것. 커서 알았는데 그 수건이 '애착 인형' 같은 것이라고 사람들이 알려줬다.

시험 날 꼭 챙겨 가던 샤프가 있다. 잃어버리기라도 하면 반드시 색깔까지 똑같은 제품으로 구매했던 샤프다. 그 샤프를 손에 쥐면 이상하게도 마음이 편해졌다.

시험장에 들고 갈, 자기만의 애정템을 하나 만들어보는 것은 어떨까. 긴장을 완화하는 데 조금이라도 도움이 될지 모른다. 다만 부작용이 있다면 시험 직전에 그것을 잃어버렸을 때 꽤 큰 상실감이 올 수도 있다는 것.

이렇게만 하면
국어 시험 고득점

이 책에서 단 한 부분만 읽어야 한다면 지금부터 설명하려는 내용을 자신 있게 추천하고 싶다. 어느 순간 터득한 이 비결 덕분에 국어 시험에서 거의 틀리지 않았기 때문이다.

학창 시절, 국어 수업 시간에 시의 화자나 시어가 함축한 의미를 배운다. 비문학 지문을 풀 땐 문단별로 요약하고 구조화해서 내용을 빠르게 이해하라는 요령도 배운다. 하지만 막상 시험장에 들어가 지문의 의미를 내 멋대로 해석해버리면 이 모든 지식이 말짱 도루묵이 된다. 내가 자주 그랬다. 생각이 많고, 주의력까지 결핍되어서인지 자꾸 출제자의 의도보다 내 의견을 중시하다 함정에 걸

려들었다.* "출제자의 의도를 파악하라"고 다들 말하지만 나는 내 의도도 무의식적으로 중요하게 여겼던 것 같다. 내 마음대로 지문을 해석해놓고 해답을 보고 나면 그제야 왜 틀렸는지 납득이 가서 무릎을 탁 치며 아쉬워했다. 어떨 땐 정답인 이유를 이해하는 데 시간이 오래 걸리기도 했다. 수학은 문제라도 더 풀고 영어는 영어 단어라도 더 외워서 점수를 올리겠는데, 국어는 내 사고 체계의 변화를 원하니 해결하기가 상당히 난처했다. 고민 끝에 시도해본 방법 중 효과를 본 게 있어 소개하고자 한다. 찾아낸 해결 방법은 다음과 같다.

① 3%　② 31%　③ 9%　④ 2%　⑤ 55%

어느 시험에 실제로 출제됐던 국어 문제의 정답률이다. '~ 가장 적절한 것'을 찾으라는 문제였다. 엄청난 오답률을 자랑하며 시험의 난이도를 결정하는 문제들의 정답률은 대체로 이와 비슷하다. 정답을 위협하는 ②번 같은 매력적인 오답이 존재한다.

31퍼센트나 되는 사람이 ②번을 골랐다는 결과는 무엇을 의미

• ── 이 역시 산만한 수험생이 쉽게 저지를 수 있는 실수이다.

할까? ⑤번을 답으로 선택한 55퍼센트를 포함해 누구라도 조금만 잘못 생각했다가는 ②번을 답으로 고를 수도 있었다는 뜻이다. 수험생이 함정에 빠질 법한 ②번 같은 선지를 고르는 것은 그리 이상한 일이 아니다.

자. 여러분이 위와 같은 문제를 수능 날 국어 시험장에서 맞닥뜨렸다고 가정하자. 거의 모든 학생이 비슷한 풀이 과정에 돌입하지 않을까. 먼저 ①, ③, ④번을 제외하고, ②번과 ⑤번을 남겨둔 다음 긴 고민에 빠질 것이다. ②번과 ⑤번 중 하나를 지우기 위해 무엇이 적절하지 않은지 이유를 찾기 시작할 것이다. 그러고서 '②번은 □□라는 이유로 적절하지 않으니까, ⑤번이 답이야' 혹은 '⑤번은 △△라는 이유로 적절하지 않으니까, ②번이 답이야'라고 결정할 것이다. 이 지점이 잘못됐다. 반대로 해야 한다. 즉,

'그래, ②번도 적절할 수 있지만 ⑤번이 ○○라는 이유로 더 적절하기 때문에 이게 답이야'라고 사고해야 한다.

왜 이렇게 생각해야 할까? 우리는 '가장'이라는 단어에 주목해야 한다. 수능을 포함한 국어 시험 문제를 잘 살펴보면 옳지 않은 것을 고르는 문제는 '~적절하지 않은 것은?'이라고 질문하지만 옳은 것을 골라야 하는 문제는 '가장 적절한 것'을 찾으라고 한다.

사실 '적절하지 않은 것'을 고르는 문제에 '가장'이란 말은 필요 없다. 어떤 답이 적절하지 않기 위해서는 '절대적' 이유가 존재할 수밖에 없기 때문이다. 반면 '적절한 것'을 고르는 문제에서 정답은 '상대적'으로 적절하기만 하면 된다.

아마 시험이 끝나자마자 ②번을 두고 친구들 사이에서 논쟁이 벌어질 수도 있다. 때로는 ②번을 주장하는 친구의 논리가 얼핏 옳게 들리는 경우도 생긴다. 그 친구는 나름대로 옳은 이유를 찾았기 때문에 문제를 틀렸던 것 아닐까. 그 친구도 당연히 ②번과 ⑤번을 두고 고민했을 것이다. 그러다 ②번이 옳은 이유를 찾아냈을 뿐이다. 가장 옳은 것을 고르라는 문제에서 ②번은 ⑤번보다 '상대적'으로 옳지 않을 뿐이기 때문에 옳은 이유를 무리해서 찾으려고 하면 찾을 수 있다는 얘기다.

반면, ⑤번은 정답일 수밖에 없는 뚜렷한 이유가 존재한다. 정답이 되려면 이견이 없어야 하기 때문이다. ②번을 포함한 다른 선지들은 답이 안 되는 이유가 여러 가지일 수 있다. 해설이 저마다 다른 이유도 여기에 있다. 다시 말해 '가장' 적절한 것을 찾는 문제에서 ②번이 답 혹은 오답이 되기 위한 근거는 사람마다 정말 다양하게 만들어낼 수 있지만 ⑤번이 정답인 이유는 명확하기 때문에 찾으려고만 하면 훨씬 찾기 쉽다는 뜻이다.

아무래도 복잡하게 들릴 것 같으니 다시 한번 설명하자면, '그래, ②번 너도 옳을 수 있어. 하지만 ⑤번이 아주 분명히 옳기 때문에 나는 ⑤번을 고를게'라는 마음으로 정답을 골라야 한다. 애초에 문제가 '가장' 즉, '여럿 가운데서 으뜸'인 것을 고르라 했으니 시키는 대로 하면 될 뿐이다. 그런데 아마 대부분 오답 찾는 데만 혈안이 돼서 여태껏 문제가 지시한 것과는 반대로 사고해왔을 것이다.

⑤번을 답으로 골랐다면 ②번이 옳지 않은 이유는 굳이 찾을 필요조차 없다. 그냥 물음표로 남겨두는 것이 편하고도 이롭다. ②번이 옳지 않은 이유를 찾겠다고 머릿속 스위치를 '탁' 켜는 순간 미끼를 문 것일 수도.* ②번에는 수험생 31퍼센트가 속을 만한 매혹적인 미끼가 어찌 됐든 놓여있으니 아예 근처에 가지 않는 것이 좋다는 얘기다. 주어진 정보 내에서만 답을 찾아야 하는데 자기 생각이 강한 사람들은 주어지지 않은 정보도 만들어내는 경우가 왕왕 있다.

물론 지문을 읽으며 동시에 구조화할 수 있고 기출문제를 분석해 시험문제가 출제되는 원리까지 파악했다면 오답을 지워서 답

---

* —— 특히 고집 세고 자기 주관이 뚜렷한 사람일수록 조심해야 한다. 자기 나름대로 이유를 찾다 이미 덫에 걸려 사고의 흐름이 오답을 향해 나아가고 있을 확률이 매우 높기 때문이다.

을 찾든, 가장 정답인 것을 찾아서 답으로 고르든 문제 될 건 없다. 다만, 시인들도 막상 자기 시를 인용해 출제한 수능 문제를 모두 맞히지 못하듯, 지문을 읽고 어떻게 해석하는지는 사람마다 다르다는 점을 유의해야 한다. 국어 문제를 푸는 데 어려움을 겪는 사람이라면 여기서 말한 방법을 꼭 한번 활용해보길 추천한다.

복잡한 설명이었지만 결론은 단순하다. 헷갈릴 때는 굳이 오답이 오답인 이유를 찾지 말고 정답이 정답인 이유를 찾자. 훈련되면 국어 객관식 문제를 풀 때 큰 도움이 될 것이다. 특히 나처럼 지문을 제멋대로 해석해버리는 산만한 수험생들에게는.

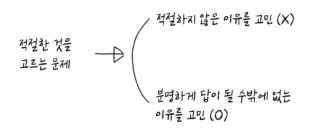

국어 시험 고득점 비법?

적절한 것을 고르는 문제 → 적절하지 않은 이유를 고민 (X)

분명하게 답이 될 수밖에 없는 이유를 고민 (O)

지겨운 수험 생활을
버티는 마음가짐

내일을 긍정하기

지금도 후회하는 일이 있다. 중학교 3학년 때 성장판 엑스레이를 찍어 보겠다며 정형외과에 제 발로 찾아간 일이다. 의사 선생님께서 "성장판이 거의 닫혀있네요"라고 말하신 그 시점부터 성장이 정말 멈춰버렸다. 내일에 대한 희망을 거둔 순간, 희망이 귀신같이 사라지는 경험을 했다.

내일, 내년 그리고 미래에 어떤 성장을 할지 우리는 알 수 없다. 확실한 건 어제보단 오늘이 나을 거란 사실이다. 성장판이 언제나 열려있다고 믿자. 긍정적인 내일을 생각하는 것만이 긴 수험 기간을 버텨낼 동력이다.

과거의 나에게 배우기

누군가는 나이가 들면 성숙해진다지만 나는 반대인 것 같다. 아무리 생각해도 나는 과거에 더 똘똘하고 단단했었다.

과거에 썼던 일기나 편지, 지갑에 갖고 다녔던 명언을 꺼내보곤 한다. "꽤, 바른 생각을 지녔었구나" 과거의 나는 분명 지금의 나보다 동생인데 본받을 점이 꽤 많다. 새벽 4시에 기상한다는 현대 창업주 정주영 회장의 말을 책상 앞에 써 붙여놓고 새벽 6시에 일어나던 중학생 시절도 있었다. 이런 과거의 내 모습을 반추하며 깨달음을 얻는다. 내일 하루쯤은 6시에 일어날 수 있을 것 같은 기분이 든다.

산만해서 공부합니다

가벼워 보이고, 정신 사나워 보이고, 두리번거리기 바쁜 내가 공부는 어떻게 하고 왜 시험을 보느냐고 궁금해하는 사람들에게 이렇게 답했다.

"산만해서 공부를 합니다."

수험 생활 동안 합격이란 목표를 향해 내가 작동하고, 하루에 길게는 8시간에서 10시간까지도 공부하는 나를 발견하는 즐거움이 있으니 더할 나위 없다. "평범한 우리에겐 시험 합격만이 최선일지도 모릅니다"라고 말할 수도 있겠지만, 그보단 "산만한 사람들 모두 힘냅시다"라는 말이 하고 싶다.

"산만한 당신, 지금 아주 잘하고 있으니 조금만 더 힘냅시다!"

어느 게임이나 마지막 관문을 지키는 대왕은 무너뜨리기가
몹시 까다롭다. 수험 생활도 마찬가지인가 보다. 산만한데도
이렇게 버텨온 당신에게 마지막 위기가 찾아올 때, 마지막
대왕을 물리칠 힘을 어디서 가져오면 좋을까?

7

산만했고, 산만하고, 산만할 우리를 위해

십 대 수험생과
이십 대 수험생의 차이

지금부터 십 대 수험생에겐 있지만 이십 대 수험생에겐 없는 세 가지를 따져보려 한다. '고3에게 수능 전 100일'과 '스물여덟 살에게 공무원 시험 전 100일'을 비교 대상으로 삼으면 좋을 것 같다. 어떤 쪽이 더 괴롭다거나 힘들다는 이야기를 하려는 건 아니다. 타임머신을 타고 과거로 돌아갈 수 있다고 해도 시험을 봐야 했던 십 대나 이십 대 둘 중 어느 시기로든 돌아가고 싶지 않은 것은 매한가지이다.

체력

고3 땐 점심 먹고 축구하고, 저녁 먹고 또 축구한 다음 땀에 젖은 채로 교실에 들어와서도 잘만 공부했다. 카페인에 의존할 나이도 아니었다. 아침 6시 반에 집을 나와 야간 자율학습이 끝나는 밤 11시까지 학교에서 잘도 버텼다. 사실 '잘'은 아니어도 버티긴 했다. 모의고사를 보는 당일에는 긴장해서 아무거나 먹지 못했지만 그런 날 아니고서는 웬만한 음식을 배 속에 다 집어넣을 수 있었다.

이십 대 후반에 접어들자 죽을 날짜를 받아놓은 사람처럼 하루하루를 근근이 버텼다. 고등학교 땐 몰랐는데 학교 급식이 너무 그리웠다. 고시 식당 밥이나 밥집에서 사 먹는 밥들은 나를 갉아먹는 느낌이 들었다. 매 끼마다 사 먹으니 가격도 부담스러웠다. 차에 휘발유를 넣듯 목구멍으로 들이붓는 카페인은 또 웬 말인가. 카페에서 사 먹는 커피조차 비싸게 느껴져 매일 캔커피를 마셔대며 잠을 쫓았다(조지× 맥스 잘 있나). 매일 들이붓는 것은 그것이 뭐든지 제일 값싼 걸 찾아서 입에 넣었다. 이십 대 후반도 한창일 나이인데 신림동 기운에 눌린 건지, 가위 눌리는 심정으로 매일 견뎠던 것 같다. 이십 대의 패기는 구경도 못한 채.

친구

내가 다니던 고등학교에는 층마다 남자 탈의실이 있었다. 밤마다 친구들과 그곳에 숨어 컵라면을 먹었다. 은밀한 그 맛이 아직도 선명히 떠오른다. 고3 땐 별거 아닌 개그에도 배를 부여잡고 함께 웃던 친구들이 곁에 있었다. 모의고사 성적이 잘 나왔든 말든, 수능이 코앞이든 말든 그건 그때 가서 볼일이고 그들과 떠드는 순간만큼은 진심을 다해 웃었다. 그런 호연지기 시절이 있었다. 공부만 빼면 모든 게 행복했던 시절로 기억되는 이유도 진심을 나눈 친구들 덕이라고 생각한다.

반면, 이십 대 수험 생활에는 친구가 없었다. 재수만 시작해도 벌어지는 일이다. 오죽하면 독서실 옆자리에 앉는 모르는 사람에게 정이 들까. 같은 공간에 함께 갇혀있다는 이유만으로 옆자리에 앉은 사람에게 혼자 정을 느낀 적이 한두 번이 아니다. 혼밥은 다반사고, 관계라는 것도 우정인지 경쟁인지 모를 그런 것들뿐이었다.

너무 우울한 이야기만 했나. 좀 밝은 이야기도 해보자면 수험 기간에 알게 되어 함께 공부했던 사람들과 나름의 전우애가 쌓여 지금도 만나는 사람들도 있긴 하다. 회사의 선·후배나 동료가 되어 만나기도 하고, 사적으로 따로 만나기도 한다. 사회에서 사귄 사람들보다는 수험 생활 때 만난 그들이 소중하지만 고3 때 불 꺼진 탈의실에서 함께 배를 부여잡고 깔깔대던 친구들에 비할 수는 없는 게 솔직한 마음이다.

다음

물론 세상에 '다음'이 없는 시험은 거의 없다. 나이가 들어갈 뿐이지, 시험은 매년 찾아오니까. 하지만 '다음'을 기약하며 시험을 준비하는 수험생도 없다. 고3이라고 해서 재수를 정해놓고 수능 시험장에 들어가진 않으니까.

이십 대의 공부에서 '다음'이 갖는 무게란 십 대 때 느끼는 것과는 확연히 달랐다. 우리가 '다음'을 논하기 위해서는 시험을 망쳤을 때를 가정해야 하는데, 실패했을 때 십 대 시절만 해도 돌아갈 곳이 있었다. 이십 대가 되면 돌아갈 곳이 마땅치 않다. 받아주는 곳이 없을 거란 그 두려움은, 난간 없는 아파트 옥상에서 한 발을 밖으로 내민 그런 절박함 혹은 공포감 같은 감정이 아닐까.

———

혹시 십 대와 이십 대를 비교하는 이 글이 마치 이십 대 수험생의 아픔을 공감하기 위해 쓴 거라 생각한다면 오해 마시길. 사실은 십 대가 읽었으면 하는 마음으로 썼다.

"고3 당신에게는 지금 이 시간이 죽도록 힘들게 느껴질 수 있습니다. 그렇지만 어찌 보면 에너지도 있고 사랑하는 친구도 옆에 있는 소중한 시기를 보내고 있는 것입니다. 아름다운 시절에 좀 더 힘내길 응원합니다.

그리고 시험장에서 너무 긴장할 필요도 없을 것 같습니다. '다음'이란 게 있으니까요. 여기서 '다음'이란 재수가 아니라 당신의 찬란한 이십 대를 말합니다. 파이팅!"

시험도 인생도,
한 치 앞을 알 수 없다

야구 경기장에서 타자가 타석에 섰을 때.

수험생이 시험장에서 시험지를 받아 들었을 때.

온갖 충동과 자극에 예민한 사람들이 삶을 살아갈 때.

세 가지 상황의 공통점은 무엇일까?

바로 '한 치 앞도 예측할 수 없는 상황'에 있다는 점이다. 타자는 투수가 직구를 던질지 혹은 커브나 체인지업 같은 변화구를 던질지 알 수 없다. 대체로 직구겠지만 언제든 변화구가 날아올 수 있다. 수험생 역시 시험장에서 어떤 문제가 나올지 미리 알 수 없다. 어느 정도 예상한 문제가 있을 뿐 정확히 집어낼 수는 없다. 인생도 마찬가지이다. 갑자기 비가 내려 나를 얼마나 감상에 젖게 할지, 점심에 먹은 김밥이 상했던 거라 내가 5분 뒤 고통에 빠질지 전혀 모를 일이다.

타자가 모든 구종·구질에 대비할 수 있다면 그에 맞춰 연습하면 된다. 하지만 불가능한 일이다. 그저 텅 빈 운동장에서 빈 스윙을 수없이 반복할 뿐이다. 자신에게 최적화된 폼을 갖춰 어떤 공에도 대응할 수 있는 자기만의 '틀'을 만들기 위해서이다. 권투 선수가 섀도복싱shadow boxing*을 하는 이유도, 골프 선수가 연습장에서 같은 폼으로 공을 반복해서 치는 이유도 마찬가지이다. 앞을 내다볼 수 없는 상황에서 인간이 할 수 있는 최선의 방법은 '최적화된 틀'을 갖춰 예상치 못한 상황에 대응하는 것. 그뿐이다.

수험생도 그렇지 않을까? 지금껏 공부법에 대한 이야기를 했지만 그 어떤 공부법을 동원한다 해도 ○○페이지 ××번째 줄의 □□단어까지 외워서 답을 쓸 수는 없다. 자기만의 틀을 갖춰 문제에 대응하는 수밖에. 예를 들어 '청년들의 퇴사가 지속적으로 증가하는 원인을 쓰시오'라는 서술형 문제가 출제되었다고 하자. 아마 당신은 서론을 쓴 다음 원인 세 가지 정도를 밝히고 결론을 쓸 것이다. 누구나 쓰는 형식이지만 이조차 각자가 갖고 있는 '틀'이다. 더

---

* —— 마치 상대가 있는 것처럼 상황을 상상하며 혼자 권투 연습하는 행위.

똑똑한 사람이라면 서론에 쓸 멋진 문장 하나쯤은 준비하고 있을 테고, 원인을 묻는 시험이 나왔을 때는 사회적, 경제적, 문화적 이유로 나누어 쓰겠다는 세부적인 틀까지 머릿속에 있을 것이다. 시험장에 들어가서 문제를 받아 든 다음 서론으로 쓸 문장을 고민하고, 원인 세 가지를 어떻게 찾을지 고민하면 이미 그 시험은 망쳤을 가능성이 농후하다.

객관식 시험도 크게 다르지 않다. 수험생이 시중에 나와 있는 모든 문제집을 풀기란 비효율적일뿐더러 가능하지도 않다. 수능 외국어 영역을 준비한다고 가정하자. 문제를 유형화할 수 있을 것이다. 빈칸 삽입, 주제 추론 등. 그런 다음 유형에 맞는 문제 풀이법을 익히면 된다. 문제를 받았을 때, '아, 이건 이런 유형이니 이렇게 풀면 되겠구나'라는 생각이 반사적으로 들 수 있도록 말이다. '유형'과 '틀'로 대응하는 것이 공부 효율성을 높이는 좋은 방법이라는 것을 잊지 말자.

우리가 시험을 앞두고 두려움에 벌벌 떠는 가장 큰 이유는 혹시 모를 '불의타' 때문이다. '불의타'란 '불의의 타격'의 준말로, 미처 생각하지 못한 문제를 의미한다. 불의타 문제를 시험장에서 보고도 당황하지 않을 수 있다면 이미 절반은 성공한 셈이다. 직구를 예상하는 상황에서 변화구가 날아올 때 안타를 칠 수는 없어도 커트해서 다음 기회를 노릴 수 있어야 훌륭한 타자로 거듭날 수 있다.

삶도 그렇다. 나는 지금 내가 어떤 기분인지조차 헷갈릴 때가 있다. 그런데 하물며 5분 뒤? 혹은 1시간 뒤? 아니면 내일 내 감정 상태가 어떨지 도대체 무슨 수로 알 수 있단 말인가. 심지어 산만한 나는 아무 자극에나 쉽게 반응하고 감정의 진폭이 남들보다 요란한데. 그런 상태에서는 적절히 예측하고 대응할 길이 없다. 당황만 하느라 대처는 못하게 된다.

'결국 삶도 나만의 틀로 대응하는 수밖에 없다'는 결론에 이른다. 어떤 불편한 자극이나 감정이 "어디, 저놈을 괴롭히러 가보자"고 내게 몰려왔다가 "어? 의외로 단단하네, 안 되겠다" 하며 되돌아갈 수 있는 균형 잡힌 몸과 마음을 만드는 것. 혹은 그것들이 몰려와도 너그럽게 감싸 안을 수 있는 포용력을 갖추는 것이다. 참 싱거워서, 심지어 성의 없어 보일까 봐 말하기 머뭇거리게 되는데 그래도 용기내서 말해본다. "잘 자고, 운동하고, 잘 먹자!" 좀 추상적으로 말해보자면 "삶의 균형을 찾자!"

수험생의 시간은 '모든 게 괜찮았다가 갑자기 다 부질없게 느끼기'를 반복하며 흘러간다. 특히 수험 생활의 한가운데에서는 그

주기가 더 짧아 괜찮은 듯하다가도 부질없게 느껴지는 때가 자주 찾아온다. 왜 그럴까? 수험생에게는 확신보다 불안만 존재하기 때문이다. 무언가를 계속 하고 있는데 결과는 알 수 없는 탓이기도 하다. 어떤 일의 결과가 예측 가능하고 원하는 대로 흘러가야 확신을 갖고 살 수 있다는 것을 감안하면 수험생으로서 지극히 정상적인 반응이다. 그러니까 모든 게 괜찮았다가 갑자기 다 부질없게 느껴진다고 너무 힘들어하지 말자.

나 또한 수험생일 때 "삶의 균형을 찾으세요"라는 뻔한 조언을 들으면 '어이, 여보시오. 당연한 소리 좀 하지 마시오'라고 속으로 반발했으니 당신 역시 내가 제시한 해결 방법에 실망했을 수 있다. 하지만 모든 우울한 감정은 몸과 마음이 약해졌을 때 강하게 치고 들어온다는 사실을 부인하기는 쉽지 않다. 식도염, 장염, 두통 등 육체적 아픔을 비롯해 정신을 괴롭히는 좌절감, 불안함, 포기하고 싶은 마음도 마찬가지이다. 약해져 있을 때 침투해 들어와 나를 무너뜨린다.

시험을 앞두고 자주 속이 쓰렸다. 음식물이 들어가기만 하면 속에서 까슬까슬한 느낌이 들면서 쓰라렸다. 위가 문제인지, 장이 문제인지, 식도가 문제인지 알 수 없었다. 그냥 원인 모를 속병이었다. 그럴 때마다 하루쯤 음식을 굶고 며칠간 음식을 조심해서 먹어야 속이 가라앉았다. 잘 먹어도 부족할 판에 음식을 가려 먹기란 쉬운 일이 아니었다. 스트레스가 원인이었을까. 속이 좀 개운치 않은 날은 일부러 일찍 자고, 명상도 하고, 과식이나 단 음식도 피하며 일상의 리듬을 균형 있게 만들려 애써봤다. 그랬더니 확실히 나아졌다.

수험생이라면 원인 모를 병들을 많이 안고 산다. 약도 없다. 일일이 대응하고 해결할 수 있는 방법은 애초에 없는 것 같다. 강한 '틀'을 만들어 대비하자. 수험 생활의 4번 타자가 되기 위해!

'탈주하고 싶다'
마지막 스퍼트에 관하여

> 그들은 여러 달 동안 눈에 보이지 않는 인내력을 바탕으로, 감금과 귀양살이에도 불구하고 꾸준히 기다리면서 참아왔는데, 이렇게 불쑥 나타난 한 가닥 희망은 공포나 절망에도 끄떡하지 않았던 것을 하루아침에 무너뜨려 버리는 것이었다.
>
> – 알베르 카뮈, 《페스트》 중에서

페스트가 모든 것을 덮어버린 알제리의 해변 도시 오랑. 전염병이 발생한 탓에 도시는 폐쇄됐다. 폐쇄가 해제되는 날까지 생존이 우선이었다. 하지만 전염병이 통계상 최고점을 지나 희망적인 단계에 들어서기 시작하자 놀랄 만한 일이 벌어졌다. 여태껏 차분하게 견디던 사람 중에 탈주하는 사람이 생겨난 것이다. 절망만 가득한 자리에서 한 가닥 희망이 싹트자 조바심 난 몇몇 사람들이 도

시의 경계를 넘어 탈출에 나섰다.

한 가닥 희망과 탈주하는 그들.

오후 10시. 집에 가기엔 좀 이른 감이 있고, 마저 피치를 올리기에는 집에 가서 할 수 있는 많은 것이 떠오르는 시간. 저녁을 먹을 때까지만 해도 오늘은 11시까지 공부하기로 마음을 먹었었는데. 슬그머니 갖가지 변명이 떠오른다. 내일 일찍 일어나려면 자정쯤 자야 하니까 10시에는 집에 가야 '나만의 1시간'이 주어질 거라는 유혹. 야식? 유튜브? 드라마? 예능? 게임? 뭐든.

왠지 예능을 보기 위해 1시간 일찍 집에 가기에는 양심에 찔린다. 다른 바람직한 일을 열심히 찾기 시작한다. 방이 지저분했던 거 같은데 좀 일찍 가서 청소해야 하지 않을까? 여기서 1시간 하는 것보다 집에서 30분만 공부하는 게 더 잘될 거 같은데? 급기야 부모님까지 끌어내고야 만다. 부모님과 오늘은 도란도란 대화를 나눠보는 건 어떨까, 하고.

'한 가닥 희망'과 '탈출 욕구'는 나의 수험 생활 전반을 압축적으로 보여주는 두 키워드이다. 항상 그랬다. 점심시간 30분 전, 야간 자율학습이 끝나기 1시간 전, 시험을 앞둔 열흘 전이 고비였다.

막판 스퍼트가 필요한 상황에서 급격하게 흔들렸다. 아마 곧 점심을 먹을 수 있다는 한 가닥 희망, 야간 자율학습만 끝나면 곧 집에 갈 수 있다는 한 가닥 희망, 시험이 끝나면 곧 모든 게 끝난다는 한 가닥 희망 때문이었으리라.

아무리 산만한 사람도 수험 생활에 진입한 이상, 울며 겨자 먹기로 어떻게든 버텨나간다. 그리고 수험 생활의 중간을 통과할 때는 '이번에는 좋은 성적이 나올지도'라고 기대한다. 하지만 잘 버티다 마지막에 다다를 때 쯤 항상 위기가 온다. 시험의 끝이 다가오거나 하루를 마감하는 시간에. 어느 게임이나 마지막 관문을 지키는 대왕은 무너뜨리기가 몹시 까다롭다. 수험 생활도 마찬가지인가 보다. 마지막 대왕을 물리칠 힘을 어디서 가져와야 할까. 혹은 어디서 가져오고 있었을까.

여기서 중요한 질문을 하나 던지고 가야 할 것 같다.

당신은 누구를 위해 시험을 준비합니까?

어떻게 대답할지 상당히 망설여지는 질문이다. 딱히 누군가를 위해 공부한다는 의식은 없어도 막상 답을 고민하면 사랑하는 사람들의 얼굴이 떠오른다.

수능을 보던 고3 때만 해도 공부는 나를 위해서 한다고 생각했다. 대체로 나의 영광이나 명문대 타이틀을 손에 쥐는 것만 의식하면서 했다. 시험을 잘 보든 못 보든 온전히 내 몫이라고. 혹시나 주변을 신경 쓴다 해도 '남들에게 내가 어떻게 보일지'가 주된 관심사였다.

성인이 되어 시험을 준비하는 처지가 되자 부모님을 비롯한 가족, 지금은 아내가 된 여자 친구 등 사랑하는 사람들의 존재를 의식하지 않을 수 없었다. '나를 위해서 한다'는 생각이 크게 달라지진 않았지만 나의 실패가 그들에게는 상처가 될 수 있다고 인식하게 됐다. '나는 견딜 수 있는데 과연 날 믿어주는 사람들은 내 실패를 쉽게 받아들일 수 있을까?' 하고 과민할 정도로 걱정했다. 나를 믿어주는 이들에게 상처를 줄 수 없다는 각오랄까. 그런 뚜렷한 의지가 슬금슬금 생겼다.

마지막 순간은 내 의지만으로 온전히 견디기가 힘들었다. 한 가닥 희망이 보이기 시작할 때마다 나 스스로를 잘 속일 줄 알았기 때문이다. 방 청소야 주말에 해도 충분할 텐데 군이 청소를 오늘 해야 한다고? 집에 가서 책을 30분 보겠다고? 양심상 5분쯤 책을 폈다가 바로 딴짓을 하겠지. 그런 유혹에 스스로 설득되고 나면 막판에 힘이 쭉 빠졌다. 그런 와중에 나를 믿어주는 사람들이 생각나면 집에 가지 못할 때가 종종 있었다. 이런. 나를 속일 순 있어도 그들을 속이기가 어째 좀 거북했으니까.

　　당신이 결승점을 앞두고 흔들리고 있다면 본성에 충실한 것이니 너무 스트레스 받지 마시길. 꽉 막힌 동굴에 갇혀있는데 어디선가 한 줄기 빛이 들어오면 우왕좌왕하는 게 당연하니까. 내가 나를 속일 수 있는 현실까지도 받아들이시길. 하루 일찍 간다고 별일 생기지 않는다. 다만 날 믿어주는 사람들의 얼굴들이 파노라마처럼 떠오를 때, 그럴 때 조금만 더 앉아있으면 그만이다. 그렇게 대왕을 물리칠 힘도 생기니까.

모든 것이 되고 싶은
사람들

"커서 뭐가 되고 싶어?"라는 질문을 싫어했다. 한 가지 목표를 정해 인생을 끼워 맞추며 살고 싶지 않았다. 하지만 세상은 자신에게 꼭 맞는 일을 찾아야 한다고 재촉했다. 산만한 내게는 불가능한 주문이었다. 나는 모든 것이 되고 싶었다.

그런데 굳이 공무원 시험을 봤다. 심지어 요즘은 "저는 공무원입니다"라는 말을 듣고 나면 어쩐지 그 사람의 매력이 반감된다고 느껴진다. 차라리 과감하게 사업을 했어야 했다. 또는 글쓰기를 좋아하니까 작가가 되고자 노력했어야 했다. 하지만 사업은 아무나 하고 글은 아무나 쓰나. 당장의 불안을 견디지 못했다.

'어떻게든 되겠지' 하는 마음으로 스물여덟 살에 수험생이 되었지만 수험 기간 동안 동기부여 하기가 무척 어려웠다. 학창 시절과는 차원이 다른 어려움도 있었다. 물론 고3 때라고 해서 동기부여가 쉽진 않았지만 그래도 그때는 '열린 가능성'이 있었다. 내가 이 시기만 견디면 대학 가서 하고 싶은 것을 다 할 수 있다는 악에 받친 무엇.

그러나 나이 서른을 바라보는 스물여덟 수험생의 마음가짐은 그럴 수 없었다. '닫힌 가능성'과 마음속으로 사투를 벌였다. 보기에 따라서는 한없이 배부른 고민이겠지만, 수험생 마음이란 게 그렇지만은 않으니까.

'합격하더라도 나는 공무원이 되어 평생을 살겠지. 안정적인 직장이지만 정년을 채운 다음 은퇴하는, 그저 그렇게 정해진 삶을 살겠지. 거기까지겠지. 내가 가진 가능성을 시험해볼 기회는 이제 없을 거야'라는 마음. SNS에서 하고 싶은 일을 하는 사람의 일상을 훔쳐볼 때 느끼는 부러움과 거기서 오는 초라함. 합격한다고 다 채워지지 않을 것 같은 그런 기분들. 물론 시험을 불과 일주일 앞둔 날은 하루빨리 넥타이를 매고 관청으로 출근하고 싶다는 마음뿐이었다. 하지만 수험 기간 전반에 걸쳐 그것만으로 동기부여를 하기에는 내 정신이 확실히 산만했다. 이 책을 읽고 있을 당신은 어떤지 모르겠다. 다양한 분야에 호기심이 많고 새로운 자극에 쉽게 반응하는 산만한 사람이라면 공부만 해서 먹고사는 일이 꿈은 아닐

거라 감히 짐작하는 데 어떤지.

미래는 하나의 직업으로 한 사람의 정체성을 설명하는 세상이 아닐 것이다. 2018년 러시아 월드컵에서 사상 처음으로 본선 진출에 성공한 아이슬란드 축구 대표팀 감독의 원래 직업은 치과의사였고, 골키퍼는 전직 영화감독이었다. 누구든 앞으로 자기 자신을 다양하게 테스트할 기회는 언제든 올 수 있다.

작가가 꿈인데, 카페나 책방 주인이 꿈인데, 트레이너가 꿈인데, 가수가 꿈인데 왜 공부해야 하는지 의문이 드는 것은 어쩌면 당연하다. 지금 이 수험 생활을 다능인이 되기 위한 준비 과정이라고 스스로를 설득해보자. 정신 승리가 따로 없어도 어쩌겠는가. 현실이 그런걸. 공부해서 합격한 회사가 하고 싶은 일을 하는 든든한 배경이 되어줄 수도 있고 월급을 받으며 조심스레 다음 기회를 엿볼 수도 있을 것이다. 적어도 나는 그렇게 믿는다.

TED 강연에서 작가 김영하는 이런 말을 했다.

"제가 이상적으로 생각하는 미래는 우리 모두가 어떤 다중의 정체성을 갖는 것인데 이 정체성 중에 하나만이라도 예술가가 되는 거예요. 뉴욕에서 택시를 탔어요. 앞좌석에 연극 팸플릿과 프로필이 붙어있어요. 기사님이 연극배우래요. 무슨 배역을 주로 하냐고 물었더니 리어왕을 한대요. 택시 기사이면서 배우인 거예요. 바로 그런 세상이 제가 꿈꾸는 세상이에요."

우리가 꿈꾸는 세상도 이런 세상이 아닐까?

나는 여전히 미어캣입니다

　고등학교 1학년 때 별명이 '미어캣'이었다. 두 발로 서서 고개를 이리저리 돌리며 사방을 경계하는 몽구스과의 포유류 말이다. 친구들이 교실 문을 열고 들어올 때마다 고개를 들고 쳐다보거나 주변을 두리번거리며 이리저리 돌아다니는 내 모습이 미어캣을 닮았던 모양이다. 아무리 생각해도 왁스로 한껏 머리에 힘을 주고 다니던 그때가 리즈 시절 같은데 남들 생각은 그게 아니었나 보다. 미어캣이 별명이었던 것을 보면.

　미어캣이란 별명이 마음에 들지 않았다. 원치 않는 별명은 얼마나 야속하던지. 나만 알고 싶은 내 산만함을 들킨 기분이었다. '남들은 차분히 앉아있고, 친구들의 신뢰를 한 몸에 받고, 목표를 정해서 앞으로 잘만 나아가는데 왜 나에겐 이 모든 게 힘들게만 느껴질까?' 친구들이 '미어캣'이라고 부를 때마다 이런 생각이 떠올랐다.

나이가 들면서 문득 미어캣이 준 상처를 발견할 때가 있다. 자잘한 성취도 쌓이고, 좋은 사람을 만났으며, 여전히 나를 믿어주는 가족들 덕에 자존감도 높아졌지만 무언가를 도전하고자 할 때 턱턱 걸리는 느낌이 있었다. 나처럼 산만한 사람이 가능할까? 그것이 뭐든.

곰곰이 생각해보니 스스로 나에 대해 '별로다' 혹은 '아쉽다'고 느껴지는 부분은 두 가지이다. 내가 판단했을 때 정말 문제가 있어서 고쳐야 할 부분이거나 남들이 봤을 때 멋스럽지 않다고 생각하는 부분. 나는 유독 후자를 문제점으로 인식하며 살아왔던 것 같다. 어쩌면 굉장히 소중한 것일 수 있는데도 단지 나의 특정 성향이 '과잉'이라 남들 눈에 거슬렸다는 이유에서 말이다. 다시 생각해보면 남들보다 특정 성향이 과잉인 것은 내가 상대적으로 무언가를 더 갖고 있다는 의미이고, 그것은 내 재능과 연결될 수도 있다. '산만함'도 나만의 재능이 아닐까. 남들이 지적한다고 함부로 없애다가는 내가 가진 장점조차 모조리 사라지지 않을까.

다른 사람이 나를 어떻게 평가하는지는 어디까지나 부차적인 문제이다. 중요한 것은 내 모습을 인정하고 그 안에서 한 발 한 발 전진하는 것. 어떤 날은 혼신의 힘을 다했다가 또 어떤 날은 넘어질 수도 있다. 실패와 성공, 슬픔과 기쁨, 좌절과 희망을 통해 내 나름의 교훈을 배워나가는 것. 그런 시간이 쌓여 내가 멋지다고 생각하는 모습에 조금이라도 근접해가는 것이니까.

은희경 작가는 《새의 선물》에서 이렇게 썼다.

나는 지금도 혐오감과 증오, 그리고 심지어는 사랑에 이르기까지 모든 극복의 대상을 이겨내기 위해서는 언제나 그 대상을 똑바로 바라보곤 한다.

남과 나를 구분 짓는 '산만함' 그 자체가 남들과의 차별점이자 내 정체성이라 생각한다. 삶은 자기 모습을 있는 그대로 받아들이는 과정일 것이다. 그러니까 앞으로는 나의 '산만함'을 똑바로 응시하며 살아갈 생각이다. '내가 이런 사람이다'를 인지했다는 것 자체가 내게는 곧 희망이다.

나는 지금 복잡한 도시 서울 명동에서 아내와 둘이 살고 있다. 명동은 외국인 관광객을 비롯해 직장인들까지 다양한 사람들이 쉴 새 없이 다니는 곳이다. 해만 지면 여기저기 불빛들이 현란한 추파를 던진다. 아내와 저녁을 먹으러 가는 길, 반짝이는 네온사인과 바쁘게 지나가는 사람들 틈에서 눈 둘 곳을 찾지 못해 이리저리 둘러보는 나를 보며 아내가 말했다.

"아, 그 동물 있잖아. 이름이 뭐지? 그, 서서 두리번거리는. 딱 그 모습인데 지금."

이제는 웃으면서 말해줄 수 있다.
"미어캣!"

"아 맞아, 미어캣!"

의욕만큼은
1등인
당신을 위해

논술 답안 쉽고
명쾌하게 쓰는 법

논술은 '두 개의 개념 추출 ⋯▸ 개념 정의 ⋯▸ 개념 간
관계 설정(자기주장) ⋯▸ 그렇게 생각한 이유 세 가지'라는
형식에 맞춰 답안을 쓰면 된다.

고3 때 논술학원을 다닌 적이 있다. 논리학을 비롯해 철학까지
온통 알아듣기 어려운 내용뿐이었다. 아니, 알아들었다고 해도 실
전에서 어떻게 적용할지 전혀 감이 오지 않는 것들이었다. 오히려
'논술 답안을 쓰기 위해 저런 내용까지 알아야 해?'라는 생각이 들
었다. 논술 선생님들은 "우선 가설을 세우고 가설을 논리적으로 증
명하라"고 하는데 적어도 학창 시절의 나는 그것을 실전에서 어떻
게 적용할 수 있는지 전혀 이해할 수 없었다.

논술은 천하제일 글쓰기 대회가 아니다. 오히려 긴 수학 문제

에 가깝다. 심지어 수준이 높지 않은 문제 말이다. 글쓰기 대회라고 착각해서 긴 글로 원고지를 채워야겠다고 다짐하는 순간 아무 말이나 늘어놓게 된다. 논술 시험을 망치는 지름길이다.

1. 서론 쓰기: 핵심 키워드 골라 관계 설정하기

논술 시험에서는 핵심 개념 A와 B의 관계를 설정*하고 그렇게 생각한 이유 세 가지를 써주면 된다. 핵심 키워드만 제대로 골라내면 이미 절반 이상 성공한 셈이다. 제시문이나 조건이 주어진 논술이라면 답안을 쓰기가 더 수월하다. 제시문에서 가장 빈번하게 언급되는 단어가 중요 개념일 확률이 높다.

예를 들어, 제시문의 핵심 키워드가 '평등'과 '경제 성장'인 문제를 받아들었다고 가정하자. 키워드를 뽑아냈다면 자기 입장을 정하면 된다. '국민이 평등해야 경제 성장도 가능하다' 정도의 간단한 주장도 좋다. 그렇게 생각한 이유를 설명하기 위해서는 내가 생각한 평등과 경제 성장에 대한 정의가 먼저 필요하다. 사전적 정

●── 다만 이때 A가 먼저 변하면 B가 변한다는 선후 관계가 설정되어야 한다.

의일 필요는 없다. 제시문을 참고해도 좋고 자기 생각을 펼쳐도 된다. 평등을 소득 분배의 관점에서 정의해도 되고, 심리적 측면에서 정의해도 크게 상관은 없다. 예를 들어 평등이란 '빈부격차가 존재하지 않는 상황'이나 '모두가 공정하다고 느끼는 상태' 등으로 정의할 수 있을 것이다. 경제 성장 역시 '산업의 발전' 혹은 '국민소득의 증대' 등 다양한 관점에서 정의할 수 있다. '개념 정의'와 '관계 설정'만으로도 서론 분량은 충분히 채울 수 있다.

2. 본론 쓰기: 키워드 간 관계 설정 이유를 세 가지 쓰기

만약 빈부 격차가 사라져야(A=평등), 국민소득이 증가(B=경제성장)할 수 있다고 키워드 간 관계를 설정했다면 본론에서는 그렇게 생각한 이유 세 가지를 써주자. 첫째, 둘째, 셋째로 나누어 쓰는 방법이 가장 편리하다. 사례를 들어도 좋고, 개인적 측면과 국가적 측면 등으로 관점을 구분하여 써도 좋다. 단기·중기·장기와 같은 시간에 따른 구분이나, 경제적·사회적·문화적 구분 등 프레임을 준비해놓은 다음 상황과 논리에 맞게 이유 세 가지를 채워주면 아주 수월하다.

어렵게 생각하지 않았으면 좋겠다. 예를 들자면, 적극적인 복지 정책을 통해 빈부 격차를 감소시키고 국민소득이 증가한 북유럽 사례, 부자와 가난한 사람의 소득 격차가 줄어야 개인의 노동 욕구가 증가해 국민소득이 커질 수 있다는 이야기 등을 틀에 맞게 쓰면 된다. 중언부언하지 않고 누구나 할 수 있는 말이라도 형식을 갖춰 답안을 쓰는 것. 그것이 논술 시험의 본질이라고 생각하면 보다 쉽고 명쾌하게 답안을 써낼 수 있다.

3. 결론 쓰기: 중복되지 않는 말로 마무리하기

결론에서는 가능한 한 같은 말이 반복되지 않는 수준에서 하고 싶은 말을 더 써주면 된다. 정 쓸 말이 없다면 본론을 잘 요약하기만 해도 충분하다. 물론 이론이나 숫자, 근거의 타당성 및 신뢰성, 논리적 언어 사용 등 모든 구성 요소를 갖출 수 있다면 더할 나위 없이 좋겠지만 제한된 시간 내에 원고지를 채워야 하는 시험에서는 형식만 갖춰도 중간 이상의 성적을 얻을 수 있다.

부록 2.
산만한 사람을 위한
국·영·수 공부법

1. 산만한 사람의 국어 공부법: 오답보다 정답에 집중하기

집중 시간이 길지 않은 산만한 수험생들은 꽤나 긴 국어 지문을 읽어야 하는 그 자체를 거북하게 생각한다. 그래도 어쩔 수 없다. 지문은 '빠르게' 읽기보다 '정확하고 꼼꼼하게' 읽어야 한다. 특히 비문학 지문은 첫 문단부터 제대로 이해하면서 읽어야 한다. 첫 문단에 핵심 개념이 소개되거나 해당 글에서 말하고자 하는 바가 전달되는 경우가 많기 때문이다. 따라서 첫 문단을 확실히 이해해야 다음 문단부터 살을 붙여가며 지문 전체를 잘 읽을 수 있다.

지문을 읽으면서 풀 문제와 다 읽고 난 다음 풀 문제를 구분해 두면 시간을 절약할 수 있다. 어떤 문제는 전체 내용을 이해해야 풀 수 있지만 또 어떤 문제는 발췌독만으로 충분히 풀 수 있기 때문이다. 특히 지문이 긴 문제는 지문을 읽기 전에 문제부터 훑어봐야 한다.

지문이 어려울수록 문제는 의외로 쉽게 구성되는 경우가 많다. 지문을 쉽게 이해하기 어려운 대신, 보기나 문제에 결정적인 정보와 힌트를 담는 경우가 있기 때문이다. 다만, 본문을 훑어봤을 때 너무 어렵게 느껴지면 미련 없이 넘겼다가 마지막에 다시 보기로 하자. 괜히 거기에서 시간을 빼앗기면 시험의 전체 흐름을 잃을 수 있다.

장기적으로 국어 점수를 끌어올리기 위해서는 지문을 요약하는 연습을 권하고 싶다. 오답은 지문의 지엽적인 부분에서도 출제되지만, 정답만큼은 지문의 핵심에서 비롯하기 때문이다. 더욱이 국어 시험은 제한된 시간 내에 지문을 읽고 문제를 풀어야 하기에, 지문을 읽으면서 문단과 글 전체의 핵심을 제대로 파악해야 한다. 실제 시험장에서 지문을 완벽하게 분석하고 모든 지문과 선지 간 일대일 대응을 할 여유가 없으니, 오답을 걸러내기보단 요약 연습을 통해 정답을 가려내는 능력을 기르자.

- '모든, 언제나, 항상'과 같이 범위를 한정하는 부사는 일치, 불일치 문제에서 핵심 요소이니 눈여겨보자.

- '그러나, 하지만, 한편' 등은 글이 말하고자 하는 바를 밝히고 있으니 역시 눈여겨보자.

- 과학기술 지문은 원리, 개념, 인과관계, 순서 등의 이해에 집중하고 인문 지문은 관점의 차이나 주제, 개념 간 관계 및 범주 파악에 집중하자.

- 소설은 1인칭으로 쓰인 경우 주인공의 의식을 따라가며 지문을 읽고 3인칭으로 쓰인 경우 인물의 관계에 주목하며 지문을 읽자.

- '현학적' '풍자적' 등 대충 감으로 알고 문제를 푸는 단어들을 따로 정리해서 개념을 명확히 알아두자.

- 문득 글의 흐름과 상관없는 문단이 중간이나 마지막에 등장하면 문제로 출제될 확률이 높으니 집중해서 읽자.

- 지문을 읽다 이해가 어려우면 보기나 선지를 읽은 뒤 이를 참고하며 지문을 다시 보자.

2. 산만한 사람의 수학 공부법: 개념을 완벽하게 이해하기

수학 공부는 크게 두 가지 유형으로 그 방향을 나눌 수 있다. '모르는 것을 알아가는 방향'과 '아는 것을 정확하게 푸는 방향'.

모르는 문제를 풀기 위해서는 개념을 제대로 알아야 한다. 교과서에 나오는 공식을 전부 외워도 못 푸는 문제가 있다는 것은 개념을 완벽히 이해하지 못했다는 의미이다. 단순히 공식만 암기해서 풀 수 있는 문제는 많지 않다. 그러니 모르는 문제를 접했을 땐 수학 교과서를 활용해 개념을 꼼꼼하게 공부하자.

그렇다면 개념은 어떤 식으로 공부해야 할까. 개념의 증명 과정을 누군가에게 설명할 수 있을 정도로 이해하면 된다. 함수, 유리수, 수열 등 익숙한 단어라도 막상 설명해보라고 하면 답을 못하는 학생들이 많다. 설명할 수 없다면 개념을 안다고 말하기 어렵다. 수학 교과서에 나오는 모든 개념을 설명할 수 있는지 확인해보자. 주변 친구들과 함께 확인하는 것도 훌륭한 방법이다. 같은 문제라도 개념을 적용하고 활용하는 방법은 저마다 조금씩 다르다. 함께 묻고 답하며 의견을 주고받는 과정에서 문제를 바라보는 새로운 시각을 획득할 수 있다.

공식이 어떤 과정을 거쳐 도출되었는지 증명할 수 있어야 함은 물론이다. 수학 문제는 개념이 다양한 형태로 응용되어 출제되므로 모든 문제가 새롭게 느껴질 수 있다. 어려운 문제를 맞닥뜨렸을 때 개념을 정확하게 알고 있어야 본인이 아는 개념을 총동원해서 문제를 풀 수 있다.

한편, 아는 것을 정확하게 풀기 위해서는 오답을 철저히 체크하는 것을 추천한다. 오답 노트를 만들어도 좋고 자주 틀린 문제들은 문제집에 표시만 해두어도 괜찮다. 다만, 시험에 가까워져 올수록 틀린 문제를 여러 번 그리고 빠르게 체크하자. 그래야 시험장에서 실수를 최소화할 수 있다.

답지는 웬만해선 보지 않는 편이 좋다. 한 문제를 풀 때 적어도 30분에서 1시간 정도는 고민해보자. 멍하니 흘려보내는 것처럼 보일 수 있는 이 고민의 시간은 일종의 투자이다. 고민하면서 여러 개념을 떠올리고 이를 활용하는 과정에서 수학 실력이 향상되기 때문이다. 이뿐만 아니라 가닥을 잡지 못할 정도로 어려운 문제를 결국 해결했을 때 상당한 쾌감을 느낄 수 있다. 이러한 쾌감은 수학에 흥미를 느끼게 해주어 포기하지 않고 계속 공부할 수 있게 하는 강력한 원동력이 된다. 공부를 잘하고 못하고를 떠나 어려움을 스스로 해결하는 데서 오는 쾌감은 어쩌면 수험 생활 중 경험할 수

있는 최고의 순간이다. 모른다고 답지를 바로 들춰보며 그런 쾌감
을 놓치지 않았으면 좋겠다.

산만해도 합격한 수험생의 기억

야간 자율학습 3시간 동안 단 한 개의 수학 문제에 매달렸던 고3 시
절 어느 날을 지금도 기억한다. 집중 시간이 길지 않음에도 불구하고
이상한 승부욕과 고집, 짜증, 자존심 이런 것들이 합쳐져 시간 가는 줄
모르고 그 문제에만 매달렸다. 다음 날 아침쯤 "올레"라고 외치며 답
을 도출했던 순간이 아직도 생생한데 돌이켜보면 그런 작은 성취감이
길고 지루한 수험 생활을 견디는 밑거름이었던 것 같다.

3. 산만한 사람의 영어 공부법: 영어 단어를 이미지로 기억하기

영어 공부에는 순서가 있다. 영어 실력이 많이 부족하다면 단
어 암기가 먼저다. 단어만 알아도 문장과 문단의 뜻을 대충이라도
파악해 문제를 풀 수 있다. 단, 영어 단어 하나에 우리말 뜻 하나를
외우는 일대일 대응식 암기는 가능한 한 피해야 한다.

영어 지문에는 사과, 컴퓨터, 하늘처럼 우리가 눈으로 볼 수 있는 단어보다 종교, 관용, 사랑과 같이 이미지를 뚜렷하게 그리기 어려운 단어가 많이 등장한다. 고난도 지문에 등장하는 이런 추상적인 단어를 정확히 해석하지 못하면 문제를 푸는 데 어려움을 겪을 수밖에 없다.

특히 일대일 대응식 암기를 했을 때 이런 어려움에 자주 봉착할 수밖에 없다. 'generous'라는 단어를 예로 들어보자. '관대한'이라는 우리말 뜻 하나를 외우기보단, '관대한'이라는 우리 말을 들었을 때 떠오르는 '넉넉한'이나 '마음이 넓은' '여유로운' '풍성한' 등의 표현을 떠올려보면 좋다. 여기에서 더 나아가 '인심 좋은 옆집 아저씨', '관용의 나라 프랑스' 등 다양한 이미지까지 무궁무진하게 연상해보면 더 좋다. 쉽지 않겠지만, 영영사전을 활용하거나 다양한 예문을 접하며 노력해보자.

단어는 웬만큼 아는데, 문제를 풀기 어려울 때도 있다. 다 아는 단어로 구성된 문장인데도 해석이 안 된다거나, 해석은 되는데 무슨 말인지 모르는 애매모호한 순간이 자주 찾아온다. 이때부터는 독해 능력을 키워야 한다. 우리말을 읽듯 영어도 자연스럽게 읽어나갈 수 있는 수준까지 말이다. 예를 들어 'I am a boy'를 '남자입니다, 나는'이라는 식으로 뒤에서부터 해석하면 독해하는 속도가 떨어진다. '나는 남자입니다'로, 앞에서부터 해석하며 의미를 파악할 수 있어야 독해 속도는 물론 실력이 오른다. 앞서 국어 공부법에서 설명했듯 영어 과목 역시 문단과 지문 전체의 핵심이 무엇인지 파악하면서 읽는다면 독해력은 더욱 올라갈 것이다.

마지막으로 많은 수험생의 고민, 바로 '문법은 어디까지 공부해야 할까?'이다. 문법 그 자체에 집착할 필요는 없다. 문법을 모른다고 독해가 전혀 불가능하진 않기 때문이다. 시험에 자주 출제되는 문법, 가령 가정법이나 수동태가 무엇인지 설명할 수 있을 정도면 문제를 푸는 데 크게 무리가 없다고 생각한다.

산만해도 합격한 수험생의 꿀팁

빈칸을 채워야 하는 문제를 풀 때는 빈칸 앞뒤를 정확히 해석하라는 조언, 대명사나 어휘를 잘못 알면 문장 전체를 잘못 해석할 수 있으니 문법과 어휘를 꼼꼼하게 챙기라는 조언도 자주 들린다. 하지만 제한된 시간 내에 문제를 풀다보면 어느 정도 감에 의존해 영어 지문을 읽게 된다.

실제로 지문에 있는 단어 전부를 정확히 알고, 문장을 우리말로 그대로 번역할 수 있어야만 영어 시험에서 정답을 낼 수 있는 것은 아니다. 한 지문에 모르는 단어가 몇 개 있다고 그 지문 전체를 전혀 이해할 수 없는 것도 아니다. 따라서 긴가민가한 심정으로 지문을 읽더라도 한 가지만 반드시 기억하자. 바로 글의 요지만큼은 놓치지 말자는 것! 영어 문장을 완벽하게 이해하기보단 지문의 핵심, 즉 필자가 말하고자 하는 바를 파악하기만 해도 독해와 문제 풀이는 수월하다. 글의 주제는 지문에서 대부분 쉬운 단어로 표현되어있거나 조금만 생각해도 추론할 수 있도록 구성되어있다는 것을 잊지 말자.

도움 받은 책

《누구》, 아사이 료, 권남희 역, 은행나무, 2013

《방법서설》, 르네 데카르트, 이현복 역, 문예출판사, 1997

《페스트》, 알베르 카뮈, 김화영 역, 민음사, 2011

《새의 선물》, 은희경, 문학동네, 2010

오늘도 사랑하는 사람을 떠올렸나요?
당신은 당신을 사랑하나요?
이 순간 행복한가요?